は　じ　め

　技能検定は、労働者の有する技能を一定の基準によって検定し、これを公証する国家検定制度であり、技能に対する社会一般の評価を高め、働く人々の技能と地位の向上を図ることを目的として、職業能力開発促進法に基づいて 1959 年（昭和 34 年）から実施されています。

　当研究会では、1975 年（昭和 50 年）から技能検定試験受検者の学習に資するため、過去に出題された学科試験問題（1・2 級）に解説を付して、「学科試験問題解説集」を発行しております。

　このたびさらに、令和 2・3・4 年度に出題された学科試験問題[注]、ならびに令和 4 年度の実技試験問題（計画立案等作業試験は令和 2・3・4 年度を収録）を「技能検定試験問題集（正解表付き）」として発行することになりました。

　本問題集が 1 級・2 級の技能士を目指して技能検定試験を受検される多くの方々にご利用いただき、大きな成果が上がることを祈念いたします。

令和 5 年 7 月

一般社団法人 雇用問題研究会

注）　令和 2 年度前期試験は実施されなかったため、該当する作業については 2 年分（令和 3・4 年度）の学科試験問題を収録しています。

目　　次

Ⅱ 学科試験問題

技 能 検 定 の 概 要

1 技能検定試験の等級区分

技能検定試験は合格に必要な技能の程度を等級ごとに次のとおりに区分しています。

特　　級：検定職種ごとの管理者又は監督者が通常有すべき技能及びこれに関する知識の程度

1　　級：検定職種ごとの上級の技能労働者が通常有すべき技能及びこれに関する知識の程度

2　　級：検定職種ごとの中級の技能労働者が通常有すべき技能及びこれに関する知識の程度

3　　級：検定職種ごとの初級の技能労働者が通常有すべき技能及びこれに関する知識の程度

単一等級：検定職種ごとの上級の技能労働者が通常有すべき技能及びこれに関する知識の程度

※これらの他に外国人実習生等を対象とした基礎級があります。

2 検定試験の基準

技能検定は、実技試験及び学科試験によって行われています。

実技試験は、実際に作業などを行わせて、その技量の程度を検定する試験であり、学科試験は、技能の裏付けとなる知識について行う試験です。

実技試験及び学科試験は、検定職種の等級ごとに、それぞれの試験科目及びその範囲が職業能力開発促進法施行規則により、また、その具体的な細目が厚生労働省人材開発統括官通知により定められています。

(1)　実技試験

実技試験は、実際に作業（物の製作、組立て、調整など）を行わせて試験する、製作等作業試験が中心となっており、検定職種の大部分のものについては、その課題が試験日に先立って公表されています。

試験時間は、1級、2級及び単一等級については原則として5時間以内、3級については3時間以内が標準となっています。

また、検定職種によっては、製作等作業試験の他、実際的な能力を試験するため、次のような判断等試験又は計画立案等作業試験が併用されることがあります。

① 判断等試験

判断等試験は、製作等作業試験のみでは技能評価が困難な場合又は検定職種の性格や試験実施技術等の事情により製作等作業試験の実施が困難な場合に用いられるもので、例えば技能者として体得していなければならない基本的な技能について、原材料、模型、写真などを受検者に提示し、判別、判断などを行わせ、その技能を評価する試験です。

② 計画立案等作業試験

製作等作業試験、判断等試験の一方又は双方でも技能評価が不足する場合に用いられるもので、現場における実際的、応用的な課題を、表、グラフ、文章などにより設問したものを受検者に提示し、計算、計画立案、予測などを行わせることにより技能の程度を評価する試験です。

(2) 学科試験

学科試験は、単に学問的な知識を試験するものではなく、作業の遂行に必要な正しい判断力及び知識の有無を判定することに主眼がおかれています。また、それぞれの等級における試験の概要は次表のとおりです。

この中で、真偽法は一つの問題文の正誤を解答する形式であり、五肢択一法及び四肢択一法は一つの問題文について複数の選択肢の中から一つを選択して解答する形式です。

■学科試験の概要

等級区分	試験の形式	問題数	試験時間
特　　級	五肢択一法	50題	2時間
1　　級	真偽法及び四肢択一法	50題	1時間40分
2　　級	真偽法及び四肢択一法	50題	1時間40分
3　　級	真偽法	30題	1時間
単一等級	真偽法及び四肢択一法	50題	1時間40分

3　技能検定の受検資格

技能検定を受検するには、原則として検定職種に関する実務の経験が必要で、その年数は職業訓練歴、学歴等により異なっています（別表1参照）。

この実務の経験の範囲には、現場での作業のみならず管理、監督、訓練、教育及び研究の業務や訓練又は教育を受けた期間が含まれます。

4 試験の実施日程

技能検定試験は職種ごとに前期、後期に分かれていますが、日程の概要は次のとおりです。

項	前 期	後 期
受付期間	4月上旬〜中旬	10月上旬〜中旬
実技試験	6月上旬〜9月上旬	12月上旬〜翌年2月中旬
学科試験	8月下旬〜9月上旬の日曜日 3級は7月上旬〜中旬の日曜日	翌年1月下旬〜2月上旬の日曜日
合格発表	10月上旬、3級は8月下旬	翌年3月中旬

※日程の詳細については都道府県職業能力開発協会(連絡先等は別表2参照)にお問い合わせ下さい。

5 技能検定の実施体制

技能検定は厚生労働大臣が定めた、実施計画に基づいて行うものですが、その実施業務は、厚生労働大臣、都道府県知事、中央職業能力開発協会、都道府県職業能力開発協会等の間で分担されており、受検の受付及び試験の実施については、都道府県職業能力開発協会が行っています。

6 技能検定試験受検手数料

技能検定試験の受検手数料は「実技試験:18,200円」及び「学科試験:3,100円」を標準額として、職種ごとに各都道府県で決定しています(令和5年4月1日現在、都道府県知事が実施する111職種)。

なお、25歳未満の在職者の方は、2級又は3級の実技試験の受検手数料が最大9,000円減額されます。詳しくは都道府県職業能力開発協会にお問い合わせ下さい。

7 技能検定の合格者

技能検定の合格者には、厚生労働大臣名(特級、1級、単一等級)又は都道府県知事名等(2級、3級)の合格証明が交付され、技能士と称することができます。

別表1

技能検定の受検に必要な実務経験年数一覧
（都道府県知事が実施する検定職種）

（単位：年）

受検対象者 (※1)	特級 1級合格後	1級	1級 2級合格後	1級 3級合格後	2級 (※6)	2級 3級合格後	3級 (※6)	基礎級 (※6)	単一等級
実務経験のみ		7			2		0※7	0※7	3
専門高校卒業 ※2 / 専修学校(大学入学資格付与課程に限る)卒業		6			0		0	0	1
短大・高専・高校専攻科卒業 ※2 / 専門職大学前期課程修了 / 専修学校(大学編入資格付与課程に限る)卒業		5			0		0	0	0
大学卒業(専門職大学前期課程修了者を除く) ※2 / 専修学校(大学院入学資格付与課程に限る)卒業		4			0		0	0	0
専修学校 ※3 又は各種学校卒業(厚生労働大臣が指定したものに限る。) 800時間以上	5	6	2	4	0	0	0※8	0※8	1
〃 1600時間以上		5			0		0※8	0※8	1
〃 3200時間以上		4			0		0※8	0※8	1
短期課程の普通職業訓練修了 ※4 ※9 700時間以上		6			0		0※5	0※5	1
普通課程の普通職業訓練修了 ※4 ※9 2800時間未満		5			0		0	0	0
〃 2800時間以上		4			0		0	0	0
専門課程又は特定専門課程の高度職業訓練修了 ※4 ※9		3	1	2	0		0	0	0
応用課程又は特定応用課程の高度職業訓練修了 ※9		1			0		0	0	0
指導員養成課程の指導員養成訓練修了 ※9		1			0		0	0	0
職業訓練指導員免許取得		1			—		—	—	0
高度養成課程の指導員養成訓練修了 ※9		0			0		0	0	0

※1：検定職種に関する学科、訓練科又は免許職種に限る。

※2：学校教育法による大学、短期大学又は高等学校と同等以上と認められる外国の学校又は他法令学校を卒業した者並びに独立行政法人大学改革支援・学位授与機構により学士の学位を授与された者は学校教育法に基づくそれぞれのものに準ずる。

※3：大学入学資格付与課程、大学編入資格付与課程及び大学院入学資格付与課程の専修学校を除く。

※4：職業訓練法の一部を改正する法律（昭和53年法律第40号）の施行前に、改正前の職業訓練法に基づく高等訓練課程又は特別高等訓練課程の養成訓練を修了した者は、それぞれ改正後の職業能力開発促進法に基づく普通課程の普通職業訓練又は専門課程の高度職業訓練を修了したものとみなす。また、職業能力開発促進法の一部を改正する法律（平成4年法律第67号）の施行前に、改正前の職業能力開発促進法に基づく専門課程の養成訓練を修了した者は、専門課程の高度職業訓練を修了したものとみなし、改正前の職業能力開発促進法に基づく普通課程の養成訓練又は職業転換課程の能力再開発訓練（いずれも800時間以上のものに限る。）を修了した者はそれぞれ改正後の職業能力開発促進法に基づく普通課程又は短期課程の普通職業訓練を修了したものとみなす。

※5：総訓練時間が700時間未満のものを含む。

※6：3級（前期又は後期の期間にかかわらず随時実施するものは除く。）の技能検定については、上記のほか、検定職種に関する学科に在学する者及び検定職種に関する訓練科において職業訓練を受けている者等も受検できる。また、工業高等学校に在学する者等であって、かつ、工業高等学校の教員等による検定職種に係る講習を受講し、当該講習の責任者から技能検定試験受検に際し安全衛生上の問題等がないと判定されたものも受検できる。また、基礎級の技能検定については技能実習生のみが、3級（前期又は後期の期間にかかわらず随時実施するものに限る。）は基礎級（旧基礎1級及び基礎2級を含む）に合格した者のみが、2級（前期又は後期の期間にかかわらず随時実施するものに限る。）は基礎級（旧基礎1級及び基礎2級を含む）及び当該検定職種に係る3級の実技試験に合格した者のみが、受検できる。

※7：検定職種に関し実務の経験を有する者について、受検資格を認めることとする。

※8：当該学校が厚生労働大臣の指定を受けたものであるか否かに関わらず、受検資格を付与する。

※9：職業能力開発促進法第92条に規定する職業訓練又は指導員訓練に準ずる訓練の修了者においても、修了した職業訓練又は指導員訓練の訓練課程に応じ、受検資格を付与する。

都道府県及び中央職業能力開発協会所在地一覧

（令和5年4月現在）

協 会 名	郵便番号	所 在 地	電話番号
北海道職業能力開発協会	003-0005	札幌市白石区東札幌5条1-1-2　北海道立職業能力開発支援センター内	011-825-2386
青森県職業能力開発協会	030-0122	青森市大字野尻字今田43-1　青森県立青森高等技術専門校内	017-738-5561
岩手県職業能力開発協会	028-3615	紫波郡矢巾町大字南矢幅10-3-1　岩手県立産業技術短期大学校内	019-613-4620
宮城県職業能力開発協会	981-0916	仙台市青葉区青葉町16-1	022-271-9917
秋田県職業能力開発協会	010-1601	秋田市向浜1-2-1　秋田県職業訓練センター内	018-862-3510
山形県職業能力開発協会	990-2473	山形市松栄2-2-1	023-644-8562
福島県職業能力開発協会	960-8043	福島市中町8-2　福島県自治会館5階	024-525-8681
茨城県職業能力開発協会	310-0005	水戸市水府町864-4　茨城県職業人材育成センター内	029-221-8647
栃木県職業能力開発協会	320-0032	宇都宮市昭和1-3-10　栃木県庁舎西別館	028-643-7002
群馬県職業能力開発協会	372-0801	伊勢崎市宮子町1211-1	0270-23-7761
埼玉県職業能力開発協会	330-0074	さいたま市浦和区北浦和5-6-5　埼玉県浦和合同庁舎5階	048-829-2802
千葉県職業能力開発協会	261-0026	千葉市美浜区幕張西4-1-10	043-296-1150
東京都職業能力開発協会	101-8527	千代田区内神田1-1-5　東京都産業労働局神田庁舎5階	03-6631-6052
神奈川県職業能力開発協会	231-0026	横浜市中区寿町1-4　かながわ労働プラザ6階	045-633-5419
新潟県職業能力開発協会	950-0965	新潟市中央区新光町15-2　新潟県公社総合ビル4階	025-283-2155
富山県職業能力開発協会	930-0094	富山市安住町7-18　安住町第一生命ビル2階	076-432-9887
石川県職業能力開発協会	920-0862	金沢市芳斉1-15-15　石川県職業能力開発プラザ3階	076-262-9020
福井県職業能力開発協会	910-0003	福井市松本3-16-10　福井県職員会館ビル4階	0776-27-6360
山梨県職業能力開発協会	400-0055	甲府市大津町2130-2	055-243-4916
長野県職業能力開発協会	380-0836	長野市大字南長野南県町688-2　長野県婦人会館3階	026-234-9050
岐阜県職業能力開発協会	509-0109	各務原市テクノプラザ1-18　岐阜県人材開発支援センター内	058-260-8686
静岡県職業能力開発協会	424-0881	静岡市清水区楠160	054-345-9377
愛知県職業能力開発協会	451-0035	名古屋市西区浅間2-3-14　愛知県職業訓練会館内	052-524-2034
三重県職業能力開発協会	514-0004	津市栄町1-954　三重県栄町庁舎4階	059-228-2732
滋賀県職業能力開発協会	520-0865	大津市南郷5-2-14	077-533-0850
京都府職業能力開発協会	612-8416	京都市伏見区竹田流池町121-3　京都府立京都高等技術専門校2階	075-642-5075
大阪府職業能力開発協会	550-0011	大阪市西区阿波座2-1-1　大阪本町西第一ビルディング6階	06-6534-7510
兵庫県職業能力開発協会	650-0011	神戸市中央区下山手通6-3-30　兵庫勤労福祉センター1階	078-371-2091
奈良県職業能力開発協会	630-8213	奈良市登大路町38-1　奈良県中小企業会館2階	0742-24-4127
和歌山県職業能力開発協会	640-8272	和歌山市砂山南3-3-38　和歌山技能センター内	073-425-4555
鳥取県職業能力開発協会	680-0845	鳥取市富安2-159　久本ビル5階	0857-22-3494
島根県職業能力開発協会	690-0048	松江市西嫁島1-4-5　SPビル2階	0852-23-1755
岡山県職業能力開発協会	700-0824	岡山市北区内山下2-3-10　アマノビル3階	086-225-1547
広島県職業能力開発協会	730-0052	広島市中区千田町3-7-47　広島県情報プラザ5階	082-245-4020
山口県職業能力開発協会	753-0051	山口市旭通り2-9-19　山口建設ビル3階	083-922-8646
徳島県職業能力開発協会	770-8006	徳島市新浜町1-1-7	088-663-2316
香川県職業能力開発協会	761-8031	高松市郷東町587-1　地域職業訓練センター内	087-882-2854
愛媛県職業能力開発協会	791-8057	松山市大可賀2-1-28　アイテムえひめ内	089-993-7301
高知県職業能力開発協会	781-5101	高知市布師田3992-4	088-846-2300
福岡県職業能力開発協会	813-0044	福岡市東区千早5-3-1　福岡人材開発センター2階	092-671-1238
佐賀県職業能力開発協会	840-0814	佐賀市成章町1-15	0952-24-6408
長崎県職業能力開発協会	851-2127	西彼杵郡長与町高田郷547-21	095-894-9971
熊本県職業能力開発協会	861-2202	上益城郡益城町田原2081-10　電子応用機械技術研究所内	096-285-5818
大分県職業能力開発協会	870-1141	大分市大字下宗方字古川1035-1　大分職業訓練センター内	097-542-3651
宮崎県職業能力開発協会	889-2155	宮崎市学園木花台西2-4-3	0985-58-1570
鹿児島県職業能力開発協会	892-0836	鹿児島市錦江町9-14	099-226-3240
沖縄県職業能力開発協会	900-0036	那覇市西3-14-1	098-862-4278
中央職業能力開発協会	160-8327	新宿区西新宿7-5-25　西新宿プライムスクエア11階	03-6758-2859

熱絶縁施工

実技試験問題

令和4年度　技能検定

2級熱絶縁施工(保温保冷工事作業)実技試験問題

次の注意事項及び仕様に従って、施工図及びエルボ用保温カバー製作図に示す熱絶縁作業をしなさい。

1　試験問題

標準時間　4時間

打切り時間　4時間30分

2　注意事項

(1)　支給された材料の品名、数量等が、「4　支給材料」のとおりであることを確認すること。

(2)　支給された材料に異常がある場合は、申し出ること。

(3)　試験開始後は、原則として、支給材料の再支給をしない。

(4)　使用工具等は、使用工具等一覧表で指定した以外のものは使用しないこと。

(5)　加工のための型紙を作成して持参することを禁止とする。

(6)　試験中は、工具等の貸し借りを禁止とする。

　　なお、持参した工具等の予備を使用する場合は、技能検定委員の確認を受けること。

(7)　作業時の服装(半袖は不可)等は、安全性、かつ作業に適したものとし、作業靴、保護帽(ヘルメット)及び墜落制止用器具を着用すること。また、作業靴は、必ず試験場ではきかえること。

　　なお、作業時の服装等が著しく不適切であり、受検者の安全管理上、重大なけが・事故につながる等試験を受けさせることが適切でないと技能検定委員が判断した場合、試験を中止(失格)とする場合がある。

(8)　けい酸カルシウム保温筒を使用する作業を行う場合は、防じんマスクを使用すること。

(9)　拍子木及び板金用折台を使用する場合は、技能検定委員に申し出ること。

(10)　標準時間を超えて作業を行った場合は、超過時間に応じて減点される。

(11)　作業が終了したら、技能検定委員に申し出ること。

(12)　**この問題には、事前に書き込みをしないこと。また、試験中には、他の用紙にメモをしたものや参考書等を参照することは禁止とする。**

(13)　試験中は、携帯電話、スマートフォン、ウェアラブル端末等の使用(電卓機能の使用を含む。)を禁止とする。

(14)　機器操作、工具・材料等の取扱いについて、そのまま継続すると機器・設備の破損やけがなどを招くおそれがあり危険であると技能検定委員が判断した場合、試験中にその旨を注意することがある。

　　さらに、当該注意を受けてもなお危険な行為を続けた場合、技能検定委員全員の判断により試験を中止し、かつ失格とする。ただし、緊急性を伴うと判断された場合は、注意を挟まず即中止(失格)とすることがある。

3 仕 様

(1) A部(保冷作業)

A部には、次のイ〜ホに従って保冷作業を行うこと。

押出法ポリスチレンフォーム保温筒は、次のイ〜ホにより取り付けること。

イ T形継手部分に取り付ける保温筒は、継手部分になじむように内面を加工すること。

ただし、加工に当たっては、必要以上に保温筒の厚さを減少させないようにすること。

ロ 水平管へ取り付ける保温筒のT部の加工は、立上がり管の外径になじむようにし、必要以上のくりぬきカットはしないこと。

ハ 立上がり管には、1.6mm の亜鉛めっき鉄線ですべり止めを 1 箇所設けてから保温筒を取り付けること。

ニ 保温筒の合わせ目は、水平管は上下、立上がり管は側面になるようにすること。

ホ 保温筒は、詳細図に示すように水平管 3 箇所、立上がり管 2 箇所を 0.8mm の亜鉛めっき鉄線で 2 重巻きにして締め付けること。

(2) B部(保温作業)

B部には、次のイ〜ニに従って保温作業を行うこと。

イ 直管部の保温作業は、次の(イ)〜(ハ)により行うこと。

(イ) 50mm厚のロックウール保温筒は、次のa〜cにより取り付けること。

a 立上がり管には、1.6mm の亜鉛めっき鉄線ですべり止めを 1 箇所設けてから保温筒を取り付けること。

b 保温筒の合わせ目は、側面になるようにすること。

c 保温筒は、詳細図に示すように 2 箇所を 0.8mm の亜鉛めっき鉄線で 2 重巻きにして締め付けること。

(ロ) 整形用原紙の被覆は、重ね幅を30mm以上とし、0.8mmの亜鉛めっき鉄線にて仮止めすること。

(ハ) 塩化ビニル製整形エルボの上に整形用原紙を重ね合わせること。

ロ 曲がり管部の保温作業は、次の(イ)及び(ロ)により行うこと。

(イ) ロックウール保温帯は、次のa〜cにより取り付けること。

a 保温帯は、一層ごとに曲がりの形状に合わせて 1 枚で切断すること。

b 保温帯は、2 層とし、1 層ごとに 0.8mm の亜鉛めっき鉄線でらせん巻き(つる巻き)とすること。

c らせん巻きの間隔は、50mm 以下とすること。

(ロ) 塩化ビニル製整形エルボは、くぎ(細六)にて取り付けること。

ハ アルミガラスクロスは、次の(イ)〜(ホ)により巻き付けること。

(イ) 巻付けの方法は、らせん巻き(千段巻き)とし、重ね幅は、15mm以上(原則)とすること。固定方法は、くぎ(細六)にて取り付けること。

(ロ) 巻付けは、下から行うこと。

(ハ)　巻付けの方向は、任意とする。

(ニ)　アルミ面が表に出ることとする。

(ホ)　取付け前にアルミガラスクロスの幅は加工変更しないこと。また、アルミガラスク
ロスは、直管部から曲がり管部の施工時に途中で切断しないこと。

ニ　菊座は、次の(イ)及び(ロ)に従って、ステンレス鋼板により製作し、直管部の下端に取り付
けること。

　　なお、シール缶の位置は、左側面とすること。

(イ)　菊しぼりは、内曲げとすること。

(ロ)　折り数は、詳細図に示す程度とすること。

(3)　C部(保温作業)

　　C部には、次のイ〜トに従って保温作業を行うこと。

イ　50mm 厚のロックウール保温筒は、次の(イ)〜(ニ)によりフランジの左側及び右側に取り
付けること。

(イ)　管には、1.6mmの亜鉛めっき鉄線ですべり止めを各1箇所設けてから保温筒を取り
付けること。

(ロ)　保温筒の合わせ目は、両側とも水平方向とすること。

(ハ)　フランジの左側(A部側)に保温筒を取り付ける場合は、フランジのボルトが取り外し
できる間隙を設けること。

(ニ)　保温筒は、両側とも詳細図に示すように各2箇所を0.8mmの亜鉛めっき鉄線で2重巻
きにして締め付けること。

ロ　ロックウール保温帯は、ロックウール保温筒とフランジ、ボルト及びナットとの間隙に十
分充てんすること。

ハ　アルミガラスクロスは、B部より続けて巻き付けること。

ニ　40mm 厚のロックウール保温筒は、次の(イ)〜(ハ)によりフランジ部に取り付けること。

(イ)　保温筒は、50mm厚のロックウール保温筒になじむように加工すること。

(ロ)　保温筒の合わせ目は、下側とすること。

(ハ)　保温筒は、詳細図に示すように2箇所を0.8mmの亜鉛めっき鉄線で2重巻きにして締
め付けること。

ホ　アスファルトフェルトによる被覆は、重ね幅を 30mm 以上とし、2 箇所を 0.8mm の亜鉛
めっき鉄線で 2 重巻きにして締め付けること。

ヘ　きっ甲金網は、たるみのないように取り付けること。

ト　フィニッシングセメントは、次の(イ)及び(ロ)によりむらのないように塗ること。

(イ)　塗り厚さは、10mmとすること。

(ロ)　塗り方は、こて塗り仕上げとし、詳細図に示すように、角丸ごてで面取りをするこ
と。

(4) エルボ用保温カバーの製作

次のイ及びロに従って、呼び径 100A の鋼管エルボに取り付けるエルボ用保温カバー(片方)を製作すること。

イ　けい酸カルシウム保温筒は、えび状に 7 枚切断して、詳細図に示すとおり、接着剤で張り合わせること。

ロ　エルボ用保温カバーは、鋼管エルボに接着しないこと。

4　支給材料

品　名	寸法又は規格	数量	備　考
押出法ポリスチレンフォーム保温筒	100A×50t, 605L	1本	
ロックウール保温筒	JIS A 9504　200A×40t,1000L	1/2本	
ロックウール保温筒	JIS A 9504　100A×50t,1000L	1/2本	
けい酸カルシウム保温筒	JIS A 9510 1号-15 100A×50t,610L	1/2本	
ロックウール保温帯	JIS A 9504 1号　25t×605W×1820L	1/2枚	
アルミガラスクロス	厚さ0.02mmのアルミニウム箔にJIS R 3414(ガラスクロス)に規定するEP 11Eをアクリル系接着剤で接着させたものでテープ状にしたもの	10m	150mm幅
アスファルトフェルト	アスファルトフェルト17kg又はアスファルトフェルト430	1m	1m幅
整形用原紙	370g/m²以上 1000W	0.8m	
フィニッシングセメント		5kg	
塩化ビニル製整形エルボ	100A×50t用	1個	
きっ甲金網	JIS G 3554 0.5mm×10目×910W	1m	
ステンレス鋼板	JIS G 4305 0.15t×100W×800L	1枚	
亜鉛めっき鉄線	JIS G 3547 1.6mm	2m	
亜鉛めっき鉄線	JIS G 3547 0.8mm	40m	
接　着　剤	高温用(無機質)	0.25kg	エルボ用保温カバー張合わせ用
く　　ぎ	18L(細六)	30本	

(※　押出法ポリスチレンフォーム保温筒について、材料の調達ができない場合は、硬質ウレタンフォーム保温筒を支給する。)

試 験 台

単位：mm

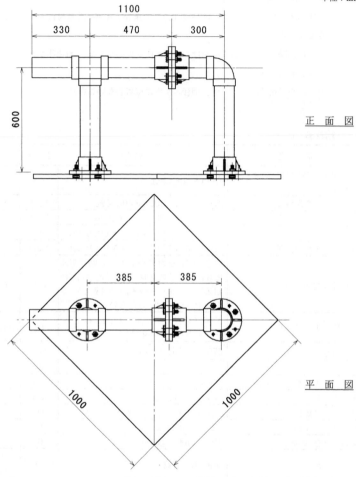

正 面 図

平 面 図

鋼管エルボ

品　　名	寸法又は規格	数　量
一般配管用鋼製突合 わせ溶接式管継手	100A　90E(L)－4 JIS B 2311	1個

試 験 台 構 成 材 料 表

品　　名	寸法又は規格	数　量
水道用硬質ポリ塩化ビニル管	呼び径 100　外径 114mm　厚7.1mm JIS K 6742	1.8m
排水用硬質ポリ塩化ビニル管 継手	90° Y DT JIS K 6739	1 個
排水用硬質ポリ塩化ビニル管 継手	90° エルボ　DL 100 JIS K 6739	1 個
フランジ 硬質ポリ塩化ビニル製	100×10K 旧 JIS B 2212 に準ずるもの	2 組
ボルト・ナット 硬質ポリ塩化ビニル製	M16　長さ 75mm ボルトは全ねじのものとする	16 組
座　　金 硬質ポリ塩化ビニル製	同上用	16 枚
コンクリート型枠用合板	1000mm×1000mm×24mm	1 枚

施 工 図

正 面 図

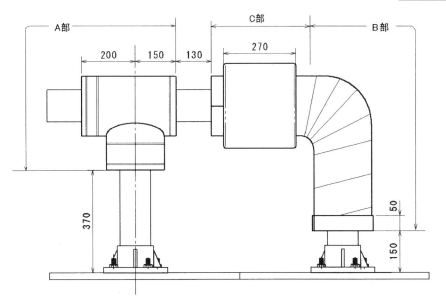

平 面 図

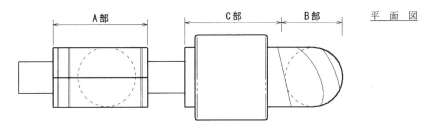

エルボ用保温カバー製作図

単位：mm

詳　細　図

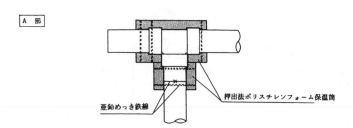

A 部

亜鉛めっき鉄線　　　　　　　押出法ポリスチレンフォーム保温筒

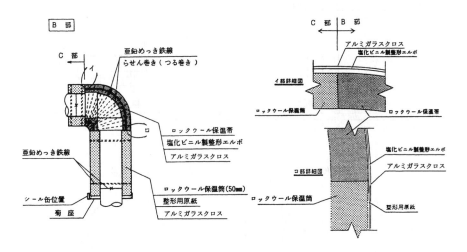

B 部

C 部

亜鉛めっき鉄線
らせん巻き (つる巻き)

ロックウール保温帯
塩化ビニル製整形エルボ
アルミガラスクロス

亜鉛めっき鉄線

シール缶位置
菊座

ロックウール保温筒(50mm)
整形用原紙
アルミガラスクロス

C 部 ｜ B 部

アルミガラスクロス
塩化ビニル製整形エルボ

イ部詳細図

ロックウール保温筒　　　　　　　ロックウール保温帯

塩化ビニル製整形エルボ
アルミガラスクロス

ロ部詳細図

ロックウール保温筒　　　　　整形用原紙

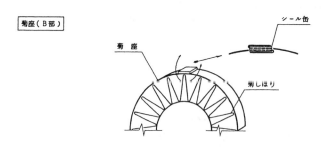

菊座 (B部)

シール缶

菊座

菊しぼり

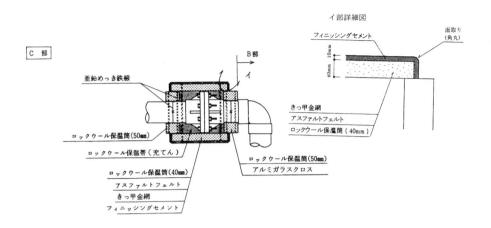

イ部詳細図

フィニッシングセメント

面取り
（角丸）

10mm
40mm

きっ甲金網
アスファルトフェルト
ロックウール保温筒（40mm）

C 部

亜鉛めっき鉄線

B部
イ

ロックウール保温筒（50mm）

ロックウール保温帯（充てん）

ロックウール保温筒（40mm）
アスファルトフェルト
きっ甲金網
フィニッシングセメント

ロックウール保温筒（50mm）
アルミガラスクロス

エルボ用保温カバー

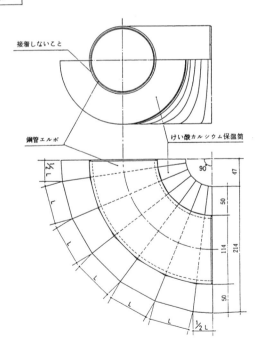

接着しないこと

鋼管エルボ

けい酸カルシウム保温筒

90

47

50

114
214

50

2級熱絶縁施工(保温保冷工事作業)実技試験使用工具等一覧表

(1) 受検者が持参するもの

品　名	寸法又は規格	数量	備　考
ス　ケ　ー　ル		適宜	鋼製巻尺、パイスケール
さ　し　が　ね	L字尺、メーター尺	各1	
の　こ　ぎ　り	大、小	各1	
ナ　イ　フ		1	
保温材用えぐり		適宜	保温筒の内面加工用
は　さ　み	金属用、紙布用	各1	
ペ　ン　チ		1	
ハッカー(ねじり)		1	
丸　ご　て		1	フィニッシングセメント用
平　ご　て		1	〃
れ　ん　が　ご　て		1	〃
角　丸　ご　て		1	C部のフィニッシングセメントの面取り用
こ　て　板	300mm×300mm×5mm程度の板	1	フィニッシングセメント用
へ　ら	接着剤塗布用 アルミガラスクロス表面仕上げ用	各1	
つ　か　み		1	菊座製作用
け　が　き　針		1	〃
菊　し　ぼ　り　矢　床		1	〃
筆　記　用　具		一式	
コ　ン　パ　ス		1	
作　業　服　等		一式	手袋を含む。半袖は不可
作　業　靴		1	試験場ではきかえること
保護帽(ヘルメット)		1	
墜 落 制 止 用 器 具	フルハーネス型又は胴ベルト型(1本つり)	1	
ウ　エ　ス		適宜	
飲　料		適宜	熱中症対策、水分補給用

注1) 使用工具等は、上記のものに限るが、同一種類のものを予備として持参することは差し支えない。

注2) 「飲料」については、各自で試験会場の状況や天候等を考慮の上、持参すること。

(2) 試験場に準備されているもの

(数量は、特にことわりがない場合は、受検者1名当たりの数量とする。)

品　名	寸法又は規格	数量	備　考
試　験　台		1	
フィニッシングセメント混練用容器	1.8ℓ入程度	1	
バケツ	18ℓ入程度	必要数	4名当たり1程度 水が入れてある
ひしゃく		必要数	4名当たり1程度
拍子木		必要数	10名当たり1台程度
板金用折台		必要数	10名当たり1台程度
防じんマスク	微細粉じん用	1	国家検定合格品
清　掃　用　具	ほうき、ちりとり等	必要数	受検者数に応じて適宜な数量

令和4年度　技能検定

1級熱絶縁施工(保温保冷工事作業)実技試験問題

次の注意事項及び仕様に従って、施工図及びエルボ用保温カバー製作図に示す熱絶縁作業をしなさい。

1　試験問題

標準時間　　4時間30分

打切り時間　5時間

2　注意事項

(1)　支給された材料の品名、数量等が、「4　支給材料」のとおりであることを確認すること。

(2)　支給された材料に異常がある場合は、申し出ること。

(3)　試験開始後は、原則として、支給材料の再支給をしない。

(4)　使用工具等は、使用工具等一覧表で指定した以外のものは使用しないこと。

(5)　加工のための型紙を作成して持参することを禁止とする。

(6)　試験中は、工具等の貸し借りを禁止とする。

　　　なお、持参した工具等の予備を使用する場合は、技能検定委員の確認を受けること。

(7)　作業時の服装(半袖は不可)等は、安全性、かつ作業に適したものとし、作業靴、保護帽(ヘルメット)及び墜落制止用器具を着用すること。また、作業靴は、必ず試験場ではきかえること。

　　　なお、作業時の服装等が著しく不適切であり、受検者の安全管理上、重大なけが・事故につながる等試験を受けさせることが適切でないと技能検定委員が判断した場合、試験を中止(失格)とする場合がある。

(8)　けい酸カルシウム保温筒を使用する作業を行う場合は、防じんマスクを使用すること。

(9)　拍子木、板金用折台及び3本ロールを使用する場合は、技能検定委員に申し出ること。

(10)　標準時間を超えて作業を行った場合は、超過時間に応じて減点される。

(11)　作業が終了したら、技能検定委員に申し出ること。

(12)　この問題には、事前に書き込みをしないこと。また、試験中には、他の用紙にメモをしたものや参考書等を参照することは禁止とする。

(13)　試験中は、携帯電話、スマートフォン、ウェアラブル端末等の使用(電卓機能の使用を含む。)を禁止とする。

(14)　機器操作、工具・材料等の取扱いについて、そのまま継続すると機器・設備の破損やけがなどを招くおそれがあり危険であると技能検定委員が判断した場合、試験中にその旨を注意することがある。

　　　さらに、当該注意を受けてもなお危険な行為を続けた場合、技能検定委員全員の判断により試験を中止し、かつ失格とする。ただし、緊急性を伴うと判断された場合は、注意を挟まず即中止(失格)とすることがある。

3 仕　　様

(1) A部(保冷作業)

A部には、次のイ～ハに従って保冷作業を行うこと。

イ　押出法ポリスチレンフォーム保温筒は、次の(イ)～(ホ)により取り付けること。

  (イ)　T形継手部分に取り付ける保温筒は、継手部分になじむように内面を加工すること。ただし、加工に当たっては、必要以上に保温筒の厚さを減少させないようにすること。

  (ロ)　水平管へ取り付ける保温筒のT部の加工は、立上がり管の外径になじむようにし、必要以上のくりぬきカットはしないこと。

  (ハ)　立上がり管には、1.6mmの亜鉛めっき鉄線ですべり止めを1箇所設けてから保温筒を取り付けること。

  (ニ)　保温筒の合わせ目は、水平管は上下、立上がり管は側面になるようにすること。

  (ホ)　保温筒は、詳細図に示すように水平管3箇所、立上がり管2箇所を0.8mmの亜鉛めっき鉄線で2重巻きにして締め付けること。

ロ　アスファルトフェルトと整形用原紙の被覆は、それぞれ重ね幅を 30mm 以上とし、アスファルトフェルトは、くぎ(細六)にて取り付け、整形用原紙は、0.8mm の亜鉛めっき鉄線にて仮止めすること。

ハ　アルミガラスクロスは、次の(イ)～(ホ)により巻き付けること。

  (イ)　巻付けの方法は、らせん巻き(千段巻き)とし、重ね幅は、15mm以上(原則)とすること。固定方法は、くぎ(細六)にて取り付けること。

  (ロ)　立上がり管への巻付けは、下から行うこと。

  (ハ)　巻付けの方向は、任意とする。

  (ニ)　アルミ面が表に出ることとする。

  (ホ)　取付け前にアルミガラスクロスの幅は加工変更しないこと。また、アルミガラスクロスは、立上がり管及び水平管の施工時に途中で切断しないこと。

(2) B部(保冷作業)

B部には、次のイ～ハに従って保冷作業を行うこと。

イ　直管部の保冷作業は、次の(イ)～(ハ)により行うこと。

  (イ)　押出法ポリスチレンフォーム保温筒は、次のa～cにより取り付けること。

    a　立上がり管には、1.6mm の亜鉛めっき鉄線ですべり止めを 1 箇所設けてから保温筒を取り付けること。

    b　保温筒の合わせ目は、側面になるようにすること。

    c　保温筒は、詳細図に示すように 2 箇所を 0.8mm の亜鉛めっき鉄線で 2 重巻きにして締め付けること。

  (ロ)　アスファルトフェルトと整形用原紙の被覆は、それぞれ重ね幅を30mm以上とし、アスファルトフェルトは、くぎ(細六)にて取り付け、整形用原紙は、0.8mmの亜鉛めっき鉄線にて仮止めすること。

(ハ)　塩化ビニル製整形エルボの上に整形用原紙を重ね合わせること。

ロ　曲がり管部の保冷作業は、次の(イ)～(ハ)により行うこと。

(イ)　ロックウール保温帯は、次のa～cにより取り付けること。

a　保温帯は、一層ごとに曲がりの形状に合わせて1枚で切断すること。

b　保温帯は、2層とし、1層ごとに0.8mmの亜鉛めっき鉄線でらせん巻き(つる巻き)とすること。

c　らせん巻きの間隔は、50mm以下とすること。

(ロ)　ポリフィルムテープは、1/2重ね巻き(ハーフラップ巻き)とし、直管部のアスファルトフェルトとの重ねは、30mm以上とすること。

(ハ)　塩化ビニル製整形エルボは、くぎ(細六)にて取り付けること。

ハ　アルミガラスクロスは、次の(イ)～(ホ)により巻き付けること。

(イ)　巻付けの方法は、らせん巻き(千段巻き)とし、重ね幅は、15mm以上(原則)とすること。固定方法は、くぎ(細六)にて取り付けること。

(ロ)　巻付けは、下から行うこと。

(ハ)　巻付けの方向は、任意とする。

(ニ)　アルミ面が表に出ることとする。

(ホ)　取付け前にアルミガラスクロスの幅は加工変更しないこと。また、アルミガラスクロスは、直管部から曲がり管部の施工時に途中で切断しないこと。

(3)　C部(保温作業)

C部には、次のイ～ニに従って保温作業を行うこと。

イ　けい酸カルシウム保温筒は、次の(イ)～(ニ)によりフランジの左側及び右側に取り付けること。

(イ)　管には、1.6mmの亜鉛めっき鉄線ですべり止めを各1箇所設けてから保温筒を取り付けること。

(ロ)　保温筒の合わせ目は、両側とも水平方向とすること。

(ハ)　フランジの左側(A部側)に保温筒を取り付ける場合は、フランジのボルトが取り外しできる間隙を設けること。

(ニ)　保温筒は、両側とも詳細図に示すように各2箇所を0.8mmの亜鉛めっき鉄線で2重巻きにして締め付けること。

ロ　ロックウール保温帯は、けい酸カルシウム保温筒とフランジ、ボルト及びナットとの間隙に十分充てんすること。

ハ　アルミガラスクロスは、B部より続けて巻き付けること。

ニ　フランジ保温カバーは、次の(イ)～(ニ)に従って、溶融亜鉛めっき鋼板により製作し、フランジ部に取り付けること。

(イ)　つき形部の合わせ目は、差込みはぜとすること。

(ロ)　胴部とつき形部の接合は、ピッツバーグはぜとすること。

(ハ) フランジ保温カバーの内面には、片側6本ずつのびょうを取り付け、2層のロックウ
ール保温帯を内張りし、座金止めとすること。

　　　ただし、保温帯の寒冷紗は、溶融亜鉛めっき鋼板側とすること。

(ニ) かんざしは、上下の位置とし、B部側のみを折り曲げること。

(4) エルボ用保温カバーの製作

　　　次のイ及びロに従って、呼び径 100A の鋼管エルボに取り付けるエルボ用保温カバーを製作
すること。

イ　けい酸カルシウム保温筒は、エルボ用保温カバー片方につきえび状に 7 枚切断して、詳細
図に示すとおり接着剤で張り合わせ、一方に長さ 100mm の直管部となる保温筒を接着する
こと。

ロ　エルボ用保温カバーは、カバーとカバー及びカバーと鋼管エルボとを接着しないこと。

4　支給材料

品　名	寸法又は規格	数量	備　考
押出法ポリスチレンフォーム保温筒	100A×50t, 605L	2.5本	定尺もの2本と定尺ものの半片を支給する
けい酸カルシウム保温筒	JIS A 9510 1号-15　100A×50t,610L	1本	
ロックウール保温帯	JIS A 9504 1号 25t×605W×1820L	1.5枚	定尺もの1枚と定尺ものの半分(25t×605W×910L)を支給する
ポリフィルムテープ	JIS Z 1702 1種 厚さ0.05mm,　100W	5m	
アルミガラスクロス	厚さ0.02mmのアルミニウム箔にJIS R 3414(ガラスクロス)に規定するEP 11 Eをアクリル系接着剤で接着させたもので テープ状にしたもの	20m	150mm幅
びょう(粘着剤付き)	65L	12本	
座　金	φ25	12枚	
アスファルトフェルト	アスファルトフェルト17kg又はアスファルトフェルト430	2m	1m幅
整形用原紙	370g/m²以上 1000W	2m	
塩化ビニル製整形エルボ	100A×50t用	1個	
溶融亜鉛めっき鋼板	JIS G 3302 0.3t×910W×910L	1枚	
亜鉛めっき鉄線	JIS G 3547 1.6mm	2m	
亜鉛めっき鉄線	JIS G 3547 0.8mm	40m	
接　着　剤	高温用(無機質)	0.5kg	エルボ用保温カバー張合わせ用
く　ぎ	18L(細六)	30本	

(※　押出法ポリスチレンフォーム保温筒について、材料の調達ができない場合は、硬質ウレタンフォー
ム保温筒を支給する。)

単位：mm

試　験　台

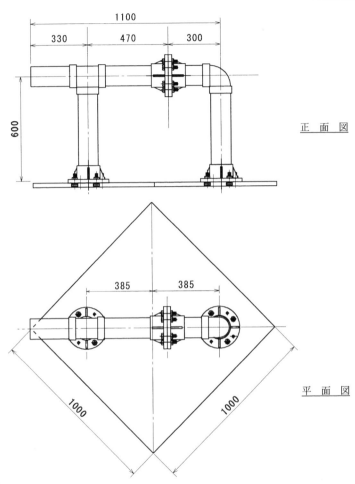

正　面　図

平　面　図

鋼管エルボ

品　　名	寸法又は規格	数　量
一般配管用鋼製突合 わせ溶接式管継手	100A　90E(L)－4 JIS B 2311	1個

試 験 台 構 成 材 料 表

品　　名	寸法又は規格	数　量
水道用硬質ポリ塩化ビニル管	呼び径 100　外径 114mm　厚7.1mm JIS K 6742	1.8m
排水用硬質ポリ塩化ビニル管 継手	90° Y　DT JIS K 6739	1 個
排水用硬質ポリ塩化ビニル管 継手	90° エルボ　DL 100 JIS K 6739	1 個
フランジ 硬質ポリ塩化ビニル製	100×10K 旧 JIS B 2212 に準ずるもの	2 組
ボルト・ナット 硬質ポリ塩化ビニル製	M16　長さ 75mm ボルトは全ねじのものとする	16 組
座　金 硬質ポリ塩化ビニル製	同上用	16 枚
コンクリート型枠用合板	1000mm×1000mm×24mm	1 枚

施 工 図

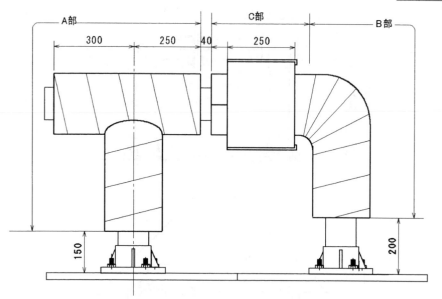

平 面 図

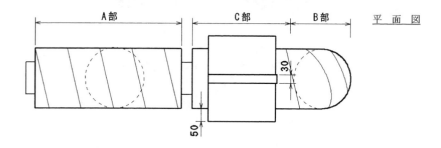

エルボ用保温カバー製作図

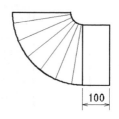

100

単位：mm

詳　細　図

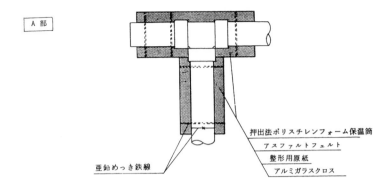

A 部

押出法ポリスチレンフォーム保温筒
アスファルトフェルト
整形用原紙
アルミガラスクロス

亜鉛めっき鉄線

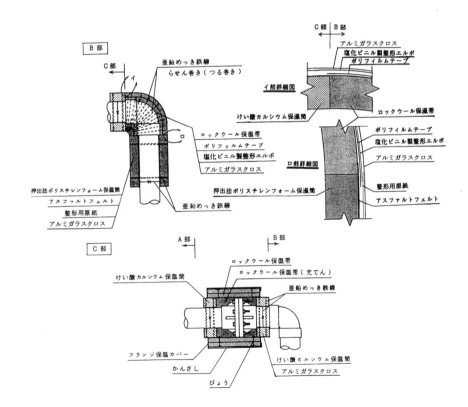

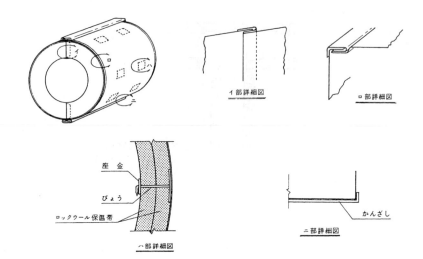

イ部詳細図

ロ部詳細図

座　金

びょう

ロックウール保温帯

ハ部詳細図

かんざし

ニ部詳細図

エルボ用保温カバー

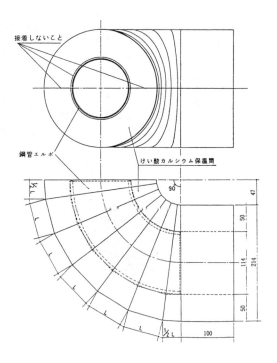

接着しないこと

鋼管エルボ

けい酸カルシウム保温筒

90

47

50

114

214

50

L

½L

100

1級熱絶縁施工(保温保冷工事作業)実技試験使用工具等一覧表

(1) 受検者が持参するもの

品　名	寸法又は規格	数量	備　考
ス　ケ　ー　ル		適宜	鋼製巻尺、パイスケール
さ　し　が　ね	L字尺、メーター尺	各1	
の　こ　ぎ　り	大、小	各1	
ナ　イ　フ		1	
保温材用えぐり		適宜	保温筒の内面加工用
は　さ　み		1	
ペ　ン　チ		1	
ハッカー（ねじり）		1	
へ　ら	接着剤塗布用 アルミガラスクロス表面仕上げ用	各1	
板　金　ハ　ン　マ		適宜	
す　ぐ　刃		1	
や　な　ぎ　刃		1	
え　ぐ　り　刃		1	
つ　か　み	大、小	各1	
は　ぜ　お　こ　し		1	
け　が　き　針		1	
な　ら　し　金　敷		適宜	こまのつめならし等
か　た　な　刃		1	
筆　記　用　具		一式	
コ　ン　パ　ス		1	
作　業　服　等		一式	手袋を含む。半袖は不可
作　業　靴		1	試験場ではきかえること
保護帽（ヘルメット）		1	
墜　落　制　止　用　器　具	フルハーネス型又は胴ベルト型(1本つり)	1	
ウ　エ　ス		適宜	
飲　料		適宜	熱中症対策、水分補給用

注1) 使用工具等は、上記のものに限るが、同一種類のものを予備として持参することは差し支えない。

注2) 「飲料」については、各自で試験会場の状況や天候等を考慮の上、持参すること。

(2) 試験場に準備されているもの

(数量は、特にことわりのない場合は、受検者1名当たりの数量とする。)

品　名	寸法又は規格	数量	備　考
試　験　台		1	
拍　子　木		必要数	2～6名当たり1台程度
板　金　用　折　台		必要数	2～6名当たり1台程度
3　本　ロ　ー　ル	手動式又は電動式	必要数	1試験場当たり1台以上
防　じ　ん　マ　ス　ク	微細粉じん用	1	国家検定合格品
清　掃　用　具	ほうき、ちりとり等	必要数	受検者数に応じて適宜な数量

熱絶縁施工

学科試験問題

令和4年度 技能検定
2級 熱絶縁施工 学科試験問題
（保温保冷工事作業）

1. 試験時間　1時間40分
2. 問題数　50題(A群25題、B群25題)
3. 注意事項
   （1）　係員の指示があるまで、この表紙はあけないでください。
   （2）　答案用紙(真偽法と多肢択一法の併用)に検定職種名、作業名、級別、受検番号、氏名を必ず記入してください。
   （3）　係員の指示に従って、問題数を確かめてください。それらに異常がある場合は、黙って手を挙げてください。問題はA群(真偽法)とB群(多肢択一法)とに分かれています。
   （4）　試験開始の合図で始めてください。
   （5）　解答の方法(真偽法と多肢択一法の併用)は次のとおりです。
   　　　イ．　A群の問題(真偽法)は、一つ一つの問題の内容が正しいか、誤っているかを判断して解答してください。
   　　　ロ．　B群の問題(多肢択一法)は、正解と思うものを一つだけ選んで、解答してください。二つ以上に解答した場合は誤答となります。
   　　　ハ．　答案用紙(マークシート用紙)へ解答する際は、答案用紙に記載されている注意事項に従ってください。
   　　　ニ．　答案用紙の解答欄は、A群の問題とB群の問題とでは異なります。所定の解答欄に、試験問題の題数に応じて解答してください。解答欄はA群は50題まで、B群は25題まで解答できるようになっています。
   （6）　電子式卓上計算機その他これと同等の機能を有するものは、使用してはいけません。
   （7）　携帯電話、スマートフォン、ウェアラブル端末等は、使用してはいけません。
   （8）　試験中、質問があるときは、黙って手を挙げてください。ただし、試験問題の内容、漢字の読み方等に関する質問にはお答えできません。
   （9）　試験終了時刻前に解答ができあがった場合は、黙って手を挙げて、係員の指示に従ってください。
   （10）　試験中に手洗いに立ちたいときは、黙って手を挙げて、係員の指示に従ってください。
   （11）　試験終了の合図があったら、筆記用具を置き、係員の指示に従ってください。

［A群（真偽法）］

1 融点とは、湿り空気が飽和して結露し始めるときの温度をいう。

2 温度0℃は、K(ケルビン)温度に換算すると、273.15Kである。

3 昇華とは、固体が直接気体に変化することをいう。

4 建築基準法関係法令によれば、建築工事等において火気を使用する場合は、その場所に準不燃材料の囲いを設ける等、防火上必要な措置を講じなければならない。

5 建築基準法関係法令によれば、居室の天井の高さは、2.1m以上でなければならない。

6 労働安全衛生法関係法令によれば、踏さんに平らな踏み面がないうま足場用のうま(架台)は、脚立としても使用できる。

7 労働安全衛生法関係法令によれば、事業者は、2m以上の高所から物体を投下するときは、適当な投下設備を設け、監視人を置く等労働者の危険を防止するための措置を講じなければならないとされている。

8 労働安全衛生法関係法令によれば、架設通路において、墜落の危険のある箇所に設ける手すりの高さは、85cm以上としなければならない。

9 日本産業規格(JIS)によれば、次の冷凍用図記号が表す流体の種類は、冷媒(一般)である。

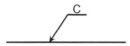

10 日本産業規格(JIS)の建築製図通則によれば、次は、保温吸音材を表す材料構造表示記号である。

11 日本産業規格(JIS)の保温保冷工事施工標準によれば、この規格で適用する保温保冷工事の対象温度は、−150℃～800℃の範囲とされている。

12 空気調和・衛生工学会規格(SHASE−S)によれば、次は、高温水返り管を表す図示記号である。

──CHR──

13 日本産業規格(JIS)によれば、配管用炭素鋼鋼管の種類の記号は、「SGP」である。

14 しのとは、丸太などを鉄線で結束する際に、鉄線をねじってきつく締め付けるのに使用するものである。

15 保冷工事において、保冷材を2層に分けて施工する際は、保冷材各層の縦横の継ぎ目が同一箇所に重なるようにする。

16 長方形ダクトに保温厚さ25mmの板状保温材を施工する場合、びょうには、一般に、長さ38mmのものを使用する。

17 防湿材として使用するマスチックは、所定の透湿係数が得られるように配合と塗り厚が決められている。

18 外装用金属板の重ね部は、膨張の方向と量を考慮して施工をするとよい。

19 建設設備の熱絶縁工事において、工事現場内でグラスウール保温材を保管する場合は、溶接の火花等を考慮して、資材に防炎シートをかぶせておくとよい。

20 墜落防止用の安全ネットは、たるみが全くないように張らなければならない。

21 建築物内の排水管に保温材を被覆する作業は、排水管の満水試験が完了した後に行うとよい。

22 封水用トラップとは、排水管内の臭気やガスを室内に浸入させないための装置である。

23 鉄骨造の高層ビルにおける柱と梁の耐火被覆厚は、上階になるほど厚くなる。

24 日本産業規格(JIS)の保温保冷工事施工標準によれば、金属製外装材の長さ方向の継ぎ目は、はぜ掛け、タッピンねじ止め又はボタンパンチはぜとする。

25 日本産業規格(JIS)によれば、ロックウールブランケットの熱間収縮温度は、600℃以上である。

［B群（多肢択一法）］

1 次のうち、常温付近において、熱伝導率が最も大きいものはどれか。
 イ　純鉄
 ロ　純銅
 ハ　水
 ニ　空気

2 文中の(　)内に当てはまる語句として、適切なものはどれか。
 ストーブやたき火に手をかざすと手のひらが暖かく感じられるが、このような熱の伝わり方を(　)という。
 イ　対流
 ロ　伝導
 ハ　伝達
 ニ　放射(ふく射)

3 次のうち、無機多孔質保温材はどれか。
 イ　グラスウール保温材
 ロ　硬質ウレタンフォーム保温材
 ハ　けい酸カルシウム保温材
 ニ　ポリエチレンフォーム保温材

4 文中の(　)内に当てはまる数値として、正しいものはどれか。
 消防法関係法令によれば、第四石油類とは、ギヤー油、シリンダー油その他1気圧において、引火点が(　)℃以上250℃未満のものと規定されている。
 イ　100
 ロ　150
 ハ　175
 ニ　200

5 建築基準法関係法令によれば、不燃材料でないものはどれか。
 イ　しっくい
 ロ　ガラス
 ハ　厚さが3mmのガラス繊維混入セメント板
 ニ　厚さが3mmの繊維混入ケイ酸カルシウム板

6 文中の(　)内に当てはまる数値として、正しいものはどれか。
 労働安全衛生法関係法令によれば、事業者は、架設通路については、勾配が(　)度を超えるものには、踏さんその他の滑止めを設けることとされている。
 イ　5
 ロ　10
 ハ　12
 ニ　15

7　文中の(　　)内に当てはまる数値として、正しいものはどれか。
　　労働安全衛生法関係法令によれば、事業者は、高さが(　　)m以上の箇所で作業を行うときは、当該作業を安全に行うため必要な照度を保持しなければならない。
　　　イ　0.5
　　　ロ　1.0
　　　ハ　1.5
　　　ニ　2.0

8　日本産業規格(JIS)の機械製図によれば、寸法線として使用する線の種類はどれか。
　　　イ　太い実線
　　　ロ　太い破線
　　　ハ　細い実線
　　　ニ　細い破線

9　空気調和・衛生工学会規格(SHASE－S)によれば、排煙ダクトを表す図示記号はどれか。
　　　イ　――――RA――――
　　　ロ　――――SA――――
　　　ハ　――――SE――――
　　　ニ　――――OA――――

10　空気調和・衛生工学会規格(SHASE－S)によれば、給気ダクト断面を表す図示記号はどれか。

　　　　　イ　　　　　　　ロ　　　　　　　ハ　　　　　　　ニ

11　次のうち、測定用工具として使用する外パスの用途はどれか。
　　　イ　外径や厚さの測定
　　　ロ　長さの測定
　　　ハ　内径やみぞ幅の測定
　　　ニ　角度の測定

12　次のうち、放散熱量の測定に使用するものはどれか。
　　　イ　サーモグラフィー
　　　ロ　湿度計
　　　ハ　ノギス
　　　ニ　熱流量計

［B群（多肢択一法）］

13 文中の（　）内に当てはまる数値として、正しいものはどれか。
　　日本産業規格(JIS)によれば、けい酸カルシウム保温板1号の使用温度は、（　）℃以下とされている。
　　　イ　600
　　　ロ　800
　　　ハ　1000
　　　ニ　1200

14 文中の（　）内に当てはまる数値として、適切なものはどれか。
　　公共建築工事標準仕様書によれば、蒸気管等が壁、床等を貫通する場合には、その面から（　）mm以内は保温を行わないとされている。
　　　イ　25
　　　ロ　30
　　　ハ　35
　　　ニ　40

15 空調・衛生設備の保温工事において、一般に、保温外径250mm以下の配管に金属製外装仕上げ材として使用される塗装溶融亜鉛めっき鋼板(カラー亜鉛鉄板)の板厚はどれか。
　　　イ　0.27mm
　　　ロ　0.31mm
　　　ハ　0.35mm
　　　ニ　0.40mm

16 保温工事に関する記述として、適切なものはどれか。
　　　イ　屋外工事において、アルミニウム外装板を鉄製サポートに鉄ビスで密着固定した。
　　　ロ　空調ダクトに対し、保温材が見えないよう重ね目、突き合わせ部等を全てアルミ粘着テープでシールした。
　　　ハ　海岸近くの屋外外装材の選定においては、塩害は考慮しなくてもよい。
　　　ニ　鉄製タンクに対し、プライマーを塗布せずに硬質ウレタンフォーム保温材を直接取り付けた。

17 次のうち、200℃の高圧蒸気管の保温材として、最も適しているものはどれか。
　　　イ　硬質ウレタンフォーム保温材
　　　ロ　ポリスチレンフォーム保温材
　　　ハ　はっ水性パーライト保温材
　　　ニ　フェノールフォーム保温材

18 熱絶縁施工の工程に関する記述として、適切でないものはどれか。
    イ　保温されるダクトを隠ぺいする天井の内装仕上げ工事は、ダクトの部分の保温
       工事が完了しないと着工できない。
    ロ　所要日数は、総所要人工数を、1日に動員可能な作業員数で割って算出する。
    ハ　ネットワーク工程表は、縦軸に各工事科目、横軸に日数をとり、予定を横棒線
       で表すものである。
    ニ　配管工事では、水圧や気密の試験が終了しないと保温工事に取りかかれない。

19 次図の足場の名称として、正しいものはどれか。

    イ　つり足場
    ロ　単管足場
    ハ　一側足場
    ニ　枠組足場

20 次のうち、一般に、空気調和設備を構成する配管でないものはどれか。
    イ　消火管
    ロ　ドレン管
    ハ　温水管
    ニ　補給水管

21 次のうち、吸収式冷凍機の冷媒として、使用されるものはどれか。
    イ　二酸化炭素
    ロ　臭化リチウム
    ハ　代替フロン
    ニ　水

22 次のうち、送風機とダクトの間にキャンバス継ぎ手を取り付ける主な目的はどれか。
    イ　防振
    ロ　吸音
    ハ　消音
    ニ　しゃ音

［B群（多肢択一法）］

23　文中の(　　)内に当てはまる語句として、適切なものはどれか。
　　　日本産業規格(JIS)の保温保冷工事施工標準によれば、アスファルト質油性(　　)は、保冷工事に使用される防湿材である。
　　イ　難燃原紙
　　ロ　マスチック
　　ハ　アルミホイルペーパ
　　ニ　ガラスクロス

24　保温工事において、高温用接着剤として使用されるものはどれか。
　　イ　アクリル系接着剤
　　ロ　合成ゴム系接着剤
　　ハ　酢酸ビニル系接着剤
　　ニ　けい酸ソーダ系接着剤

25　配管保冷工事において、保冷材の継ぎ目に防湿の目的で塗布するものとして、最も適切なものはどれか。
　　イ　フィニッシングセメント
　　ロ　ジョイントシーラ
　　ハ　耐熱塗料
　　ニ　モルタル

令和3年度 技能検定
2級 熱絶縁施工 学科試験問題
（保温保冷工事作業）

1. 試験時間　　1時間40分
2. 問題数　　　50題(A群25題、B群25題)
3. 注意事項
   （1）　係員の指示があるまで、この表紙はあけないでください。
   （2）　答案用紙(真偽法と多肢択一法の併用)に検定職種名、作業名、級別、受検番号、氏名を必ず記入してください。
   （3）　係員の指示に従って、問題数を確かめてください。それらに異常がある場合は、黙って手を挙げてください。問題はA群(真偽法)とB群(多肢択一法)とに分かれています。
   （4）　試験開始の合図で始めてください。
   （5）　解答の方法(真偽法と多肢択一法の併用)は次のとおりです。
   　　イ．　A群の問題(真偽法)は、一つ一つの問題の内容が正しいか、誤っているかを判断して解答してください。
   　　ロ．　B群の問題(多肢択一法)は、正解と思うものを一つだけ選んで、解答してください。二つ以上に解答した場合は誤答となります。
   　　ハ．　答案用紙(マークシート用紙)へ解答する際は、答案用紙に記載されている注意事項に従ってください。
   　　ニ．　答案用紙の解答欄は、A群の問題とB群の問題とでは異なります。所定の解答欄に、試験問題の題数に応じて解答してください。解答欄はA群は50題まで、B群は25題まで解答できるようになっています。
   （6）　電子式卓上計算機その他これと同等の機能を有するものは、使用してはいけません。
   （7）　携帯電話、スマートフォン、ウェアラブル端末等は、使用してはいけません。
   （8）　試験中、質問があるときは、黙って手を挙げてください。ただし、試験問題の内容、漢字の読み方等に関する質問にはお答えできません。
   （9）　試験終了時刻前に解答ができあがった場合は、黙って手を挙げて、係員の指示に従ってください。
   （10）　試験中に手洗いに立ちたいときは、黙って手を挙げて、係員の指示に従ってください。
   （11）　試験終了の合図があったら、筆記用具を置き、係員の指示に従ってください。

［A群（真偽法）］

1 固体が気体に変わるときの温度を沸点という。

2 絶対湿度の単位は、％である。

3 水の熱伝導率は、空気の熱伝導率よりも小さい。

4 建築基準法関係法令によれば、アルミニウムは、不燃材料である。

5 消防法関係法令によれば、消火器具は、床面からの高さが1.5m以下の箇所に設けることとされている。

6 労働安全衛生法関係法令によれば、事業者は、高さが5m以上の構造の足場の組立て、解体又は変更の作業については、足場の組立て等作業主任者技能講習を修了した者のうちから、足場の組立て等作業主任者を選任しなければならない。

7 労働安全衛生法関係法令によれば、移動はしごは、幅が20cm以上のものでなければ使用してはならないとされている。

8 労働安全衛生法関係法令によれば、脚立は、脚と水平面との角度を75度以下とし、かつ、折りたたみ式のものにあっては、脚と水平面との角度を確実に保つための金具等を備えることとされている。

9 図面における略記号FLの意味は、基準地盤面である。

10 日本産業規格(JIS)の建築製図通則によれば、次は、保温吸音材を表す材料構造表示記号である。

11 日本産業規格(JIS)によれば、次は、管内の流れが右から左に向かうことを表す図記号である。

12 日本産業規格(JIS)によれば、配管用炭素鋼鋼管の種類の記号は、SGPである。

13 熱流量計は、保温材の表面からの放散熱量を測定するのに用いる。

14 直刃は、直線及びなめらかで大きな曲線の切断に使用する。

［A群（真偽法）］

15 日本産業規格(JIS)の保温保冷工事施工標準によれば、保温工事における保温筒は、通常、厚さが85mmの場合は、単層で取り付ける。

16 冷水ヘッダの保冷工事には、透湿係数の大きい保冷材を選定して施工するとよい。

17 保冷工事における欠陥は、保冷施工部の表面に結露や結氷等の現象を起こすので発見されやすい。

18 高温配管の保温工事における、カラー亜鉛鉄板外装仕上げの表面の一部が変色する原因として、防湿材の取付け不良が考えられる。

19 建築設備の熱絶縁工事の施工に当たっては、標準仕様書と特記仕様書では、標準仕様書を優先する。

20 酸素欠乏症等防止規則によれば、酸素欠乏とは、空気中の酸素の濃度が18%未満である状態をいう。

21 排水トラップは、排水管内の臭気やガスを室内に逆流させないためのものである。

22 汽力発電設備において、ボイラ火炉(燃焼室)の外壁には、ロックウールによる保温工事が行われる。

23 キャンバス継手は、送風機の振動をダクトに伝えないようにするために使用される。

24 給湯設備などに使用される銅管は、呼び径が同じであれば、MタイプよりLタイプの方が外径が大きい。

25 日本産業規格(JIS)によれば、けい酸カルシウム保温板1号の使用温度は、1000℃以下である。

［B群（多肢択一法）］

1 物理量とその単位の組合せとして、適切でないものはどれか。
　　　　物理量　　　単位
　　イ　熱量　・・・・　J
　　ロ　圧力　・・・・　K
　　ハ　体積　・・・・　m³
　　ニ　密度　・・・　kg／m³

2 文中の（　）内に当てはまる語句として、適切なものはどれか。
　　液体から固体に状態変化することを（　）という。
　　イ　融解
　　ロ　蒸発
　　ハ　気化
　　ニ　凝固

3 文中の（　）内に当てはまる語句等の組合せとして、適切なものはどれか。
　　日本産業規格(JIS)の保温保冷工事施工標準によれば、保温材は、一般に、常温において（ ① ）が（ ② ）W／(m・K)以下の材料である。
　　　　　　　①　　　　　②
　　イ　熱抵抗　　　　0.5
　　ロ　熱伝導率　　　0.5
　　ハ　熱抵抗　　　　0.065
　　ニ　熱伝導率　　　0.065

4 建築基準法関係法令において、建築物の主要構造部に含まれるものはどれか。
　　イ　間柱
　　ロ　ひさし
　　ハ　はり
　　ニ　間仕切壁

5 消防法関係法令において、消火設備でないものはどれか。
　　イ　排煙設備
　　ロ　スプリンクラー設備
　　ハ　水バケツ
　　ニ　泡消火設備

6 労働安全衛生法関係法令によれば、単管足場における建地間の積載荷重の限度として、正しいものはどれか。
　　イ　300kg
　　ロ　350kg
　　ハ　400kg
　　ニ　450kg

7 文中の(　)内に当てはまる数値として、正しいものはどれか。

　　労働安全衛生法関係法令によれば、事業者は、(　)m以上の高所から物体を投下するときは、適当な投下設備を設け、監視人を置く等労働者の危険を防止するための措置を講じなければならない。

　　イ　2
　　ロ　2.5
　　ハ　2.8
　　ニ　3

8 保冷工事の一般的な施工に関する記述として、適切でないものはどれか。

　　イ　被保冷面は、ごみ・水・氷などの付着がないことを確認する。
　　ロ　保冷材は、保管、運搬及び施工中において、雨水などの水ぬれがないように注意する。
　　ハ　保冷材止め用金具類や支持金物などは、保冷施工前に取り付けておく。
　　ニ　保冷材は、直接、地面に置いて保管する。

9 空気調和・衛生工学会規格(SHASE−S)の図示記号において、空調排気ダクトを表すものはどれか。

　　イ　——— RA ———
　　ロ　——— OA ———
　　ハ　——— EA ———
　　ニ　——— SA ———

10 空気調和・衛生工学会規格(SHASE−S)において、次の配管材料記号が表すものはどれか。

　　イ　100φの鋳鉄管
　　ロ　長さ100mmの鋳鉄管　　　　　　　100CIP
　　ハ　100φの銅管
　　ニ　長さ100mmの銅管

11 直角を描く工具として、最も適しているものはどれか。

　　イ　かね尺
　　ロ　鋼製直尺
　　ハ　ノギス
　　ニ　マイクロメータ

12 三本ロール機による板金加工に関する記述として、適切なものはどれか。

　　イ　板に補強や飾りをつける。
　　ロ　板を直線に切断する。
　　ハ　板に丸みをつける。
　　ニ　板を曲線に切断する。

［B群（多肢択一法）］

13 日本産業規格(JIS)の保温保冷工事施工標準によれば、スパイラルダクトに保温帯を取り付ける場合、亜鉛めっき鉄線の緊縛するピッチとして、適切なものはどれか。
　　イ　150mm以下
　　ロ　175mm以下
　　ハ　200mm以下
　　ニ　250mm以下

14 文中の(　)内に当てはまる語句と数値の組合せとして、適切なものはどれか。
　　公共建築工事標準仕様書によれば、アルミガラスクロス化粧保温筒は、合わせ目及び継目を全てアルミガラスクロス粘着テープで貼り合わせ、継目間隔が600mm以上1000mm以下の場合は、(　①　)アルミガラスクロス粘着テープ(　②　)回巻きとする。
　　　　　　　　　　①　　　　　　②
　　イ　中間に1箇所　　　　1
　　ロ　中間に1箇所　　　　2
　　ハ　両端に2箇所　　　　1
　　ニ　両端に2箇所　　　　2

15 空調ダクトの保温工事において、ALK付グラスウール保温板24Kをラップ施工する場合、結露のおそれがないラップ幅として、適切なものはどれか。
　　イ　110mm
　　ロ　80mm
　　ハ　50mm
　　ニ　20mm

16 保冷工事に使用する防湿材として、適切でないものはどれか。
　　イ　アスファルトフェルト
　　ロ　ポリエチレンフィルム
　　ハ　アスファルトルーフィング
　　ニ　メタルラス

17 配管類の施工における、シーリング材を充填する場合の気温として、適切でないものはどれか。
　　イ　0℃
　　ロ　10℃
　　ハ　15℃
　　ニ　20℃

18 長さ900mの配管を3人で保温施工する場合、完了までの期間(日)として、適切なものはどれか。ただし、一人工当たりの出来高は、1日当たり25mとする。
 イ　9日
 ロ　10日
 ハ　11日
 ニ　12日

19 文中の(　　)内に当てはまる数値として、正しいものはどれか。
 労働安全衛生法関係法令によれば、足場(つり足場を除く。)における高さ2m以上の作業場所に設ける作業床の床材間の隙間は、(　　)cm以下とすることとされている。
 イ　3
 ロ　5
 ハ　10
 ニ　15

20 一般に、水を冷媒として使用する冷凍機はどれか。
 イ　ターボ冷凍機
 ロ　往復動冷凍機
 ハ　吸収式冷凍機
 ニ　圧縮式冷凍機

21 原子力発電設備において、定期点検の際に点検開放する頻度が高い箇所に取り付ける保温材として、最も適切なものはどれか。
 イ　けい酸カルシウム保温材
 ロ　金属保温材
 ハ　多泡ガラス
 ニ　セラミック保温材

22 一般に、冷温水配管に適さない配管材料はどれか。
 イ　配管用ステンレス鋼鋼管
 ロ　硬質ポリ塩化ビニル管
 ハ　銅及び銅合金の継目無管
 ニ　配管用炭素鋼鋼管

23 日本産業規格(JIS)によれば、保温材の種類とその使用温度の目安の組合せとして、適切なものはどれか。
    保温材の種類   使用温度の目安
 イ　フェノールフォーム保温板 ・・・　200℃以下
 ロ　押出法ポリスチレンフォーム保温板　・・・　100℃以下
 ハ　はっ水性パーライト保温板 ・・・　1200℃以下
 ニ　ビーズ法ポリスチレンフォーム保温板　・・　80℃以下

［B群（多肢択一法）］

24 日本産業規格(JIS)によれば、製品の長さが2000mmである硬質ウレタンフォーム保温板の長さ寸法に対する許容差として、適切なものはどれか。
 イ ±8mm
 ロ ±10mm
 ハ ±30mm
 ニ ±50mm

25 鋼板製座金に保温材の厚さに応じた長さの釘を植え付けたもので、スポット溶接又は接着剤で機器又はダクトの表面に取り付け、保温材を支持するものはどれか。
 イ スタッドボルト
 ロ ブラインドリベット
 ハ びょう(鋲)
 ニ 化粧ピン

令和4年度 技能検定
1級 熱絶縁施工 学科試験問題
（保温保冷工事作業）

1. 試験時間　　1時間40分
2. 問題数　　　50題(A群25題、B群25題)
3. 注意事項
   （1）　係員の指示があるまで、この表紙はあけないでください。
   （2）　答案用紙(真偽法と多肢択一法の併用)に検定職種名、作業名、級別、受検番号、氏名を必ず記入してください。
   （3）　係員の指示に従って、問題数を確かめてください。それらに異常がある場合は、黙って手を挙げてください。問題はA群(真偽法)とB群(多肢択一法)とに分かれています。
   （4）　試験開始の合図で始めてください。
   （5）　解答の方法(真偽法と多肢択一法の併用)は次のとおりです。
   　　　イ．　A群の問題(真偽法)は、一つ一つの問題の内容が正しいか、誤っているかを判断して解答してください。
   　　　ロ．　B群の問題(多肢択一法)は、正解と思うものを一つだけ選んで、解答してください。二つ以上に解答した場合は誤答となります。
   　　　ハ．　答案用紙(マークシート用紙)へ解答する際は、答案用紙に記載されている注意事項に従ってください。
   　　　ニ．　答案用紙の解答欄は、A群の問題とB群の問題とでは異なります。所定の解答欄に、試験問題の題数に応じて解答してください。解答欄はA群は50題まで、B群は25題まで解答できるようになっています。
   （6）　電子式卓上計算機その他これと同等の機能を有するものは、使用してはいけません。
   （7）　携帯電話、スマートフォン、ウェアラブル端末等は、使用してはいけません。
   （8）　試験中、質問があるときは、黙って手を挙げてください。ただし、試験問題の内容、漢字の読み方等に関する質問にはお答えできません。
   （9）　試験終了時刻前に解答ができあがった場合は、黙って手を挙げて、係員の指示に従ってください。
   （10）　試験中に手洗いに立ちたいときは、黙って手を挙げて、係員の指示に従ってください。
   （11）　試験終了の合図があったら、筆記用具を置き、係員の指示に従ってください。

［A群（真偽法）］

1 比熱が同じ物体の熱容量は、質量の小さい方が大きくなる。

2 潜熱とは、物体の状態を変えずに、温度を変えるために使われる熱をいう。

3 1気圧における水の沸点は、約273Kである。

4 建築基準法関係法令によれば、給水管が準耐火構造の防火区画を貫通する場合、当該管と準耐火構造の防火区画とのすき間を準不燃材料で埋めなければならない。

5 消防法関係法令によれば、排煙設備は、消火活動上必要な施設に含まれる。

6 労働安全衛生法関係法令によれば、揚貨装置の玉掛け用ワイヤロープとして、キンクしたものは使用してはならない。

7 労働安全衛生法関係法令によれば、酸素欠乏とは、空気中の酸素の濃度が18%未満である状態をいう。

8 日本産業規格(JIS)の保温保冷工事施工標準によれば、この規格の適用範囲には、冷蔵庫、船舶及び鉄道車両関係の保温保冷工事は含まれない。

9 空気調和・衛生工学会規格(SHASE−S)によれば、図示記号の「FD」は、防煙ダンパを表す。

10 日本産業規格(JIS)の「製図─配管の簡略図示方法」によれば、次図は、管Aが画面に直角に手前に立ち上がって、管Bに接続している場合の正投影図である。

11 熱流量計を用いて放散熱量の測定を行う場合、直射日光の当たる場所や風の強い場所では、適正な値が表示されないので、注意を要する。

12 熱絶縁工事において、ソケットレンチは、管や丸棒の外周をはさんで強力に回すのに使用する。

13 開放型膨張水槽のふたは、必ず保温施工を行う。

14 公共建築工事標準仕様書によれば、蒸気管等が壁、床等を貫通する場合には、その面から25mm以内は、保温を行わないとされている。

15 冷水・冷温水機器の保冷工事において、冷水・冷温水機器の水抜き用配管は、バルブまで保冷するとよい。

16 マスチックには、保温工事用の油性マスチックと保冷工事用の水性マスチックがある。

17 高温配管の保温工事において、外装材として取り付けたカラー亜鉛鉄板の一部が変色した原因として、保温材の継ぎ目の施工不良により、高温配管の熱がカラー亜鉛鉄板に直接伝わったことが考えられる。

18 バーチャート工程表とは、工程の計画に当たって、全体工事の中で、各作業がどのような相互関係にあるかを〇と→の組合せによって表したものをいう。

19 労働安全衛生法関係法令によれば、事業者は、折りたたみ式の脚立については、脚と水平面との角度を75度以下とし、かつ、脚と水平面との角度を確実に保つための金具等を備えたものでなければ使用してはならない。

20 冷却装置の間接冷却式(ブライン式)とは、冷蔵室の天井又は壁の上方に冷却コイルを設置し、冷媒液を直接コイル内に入れて蒸発させる方式をいう。

21 温水暖房設備には、水の熱膨張に備えて、膨張水槽と膨張配管(逃がし管)が付属している。

22 ロックウール保温材は、金属製排煙ダクトの天井裏等にある部分を覆う不燃材料として使用できる。

23 日本産業規格(JIS)によれば、硬質ウレタンフォーム保温材の使用温度の目安は、120℃以下とされている。

24 日本産業規格(JIS)の発泡プラスチック保温材によれば、ビーズ法ポリスチレンフォーム保温板の平均温度23℃における熱伝導率の上限は、3号よりも1号の方が高い。

25 グラスウール保温板は、密度が大きくなるにしたがって熱伝導率が大きくなる。

［B群（多肢択一法）］

1　文中の(　　)内に当てはまる語句として、適切なものはどれか。
　　ドライアイスのように、固体が直接気体に変化することを(　　)という。
　　　イ　気化
　　　ロ　凝固
　　　ハ　融解
　　　ニ　昇華

2　次のうち、常温付近において、熱伝導率が最も小さいものはどれか。
　　　イ　水
　　　ロ　純鉄
　　　ハ　純銅
　　　ニ　空気

3　熱と温度に関する記述として、適切でないものはどれか。
　　　イ　露点とは、空気中の水蒸気が凍る温度をいう。
　　　ロ　kJ／(kg・K)は、比熱の単位を示している。
　　　ハ　物体の温度が下がると、一般に、状態は気体→液体→固体と変化する。
　　　ニ　国際単位系(SI単位系)において、温度は、℃又はKで表すこととされている。

4　建築基準法関係法令において、不燃材料でないものはどれか。
　　　イ　れんが
　　　ロ　木毛セメント板
　　　ハ　しっくい
　　　ニ　コンクリート

5　文中の(　　)内に当てはまる数値として、正しいものはどれか。
　　　消防法関係法令によれば、指定数量以上の危険物は、貯蔵所以外の場所でこれを貯蔵し、又は製造所、貯蔵所及び取扱所以外の場所でこれを取り扱ってはならない。ただし、所轄消防長又は消防署長の承認を受けて指定数量以上の危険物を(　　)日以内の期間、仮に貯蔵し、又は取り扱う場合は、この限りでないとされている。
　　　イ　10
　　　ロ　14
　　　ハ　21
　　　ニ　30

6 文中の(　　)内に当てはまる語句として、正しいものはどれか。

　有機溶剤中毒予防規則によれば、有機溶剤を取り扱う有害な業務に労働者を常時従事させる場合、事業者は、(　　)以内ごとに1回、定期に、医師による健康診断を行わなければならないとされている。

　　イ　2月
　　ロ　3月
　　ハ　6月
　　ニ　1年

7 文中の(　　)内に当てはまる数値として、正しいものはどれか。

　労働安全衛生法関係法令によれば、事業者は、(　　)m以上の高所から物体を投下するときは、適当な投下設備を設け、監視人を置く等労働者の危険を防止するための措置を講じなければならないとされている。

　　イ　1.8
　　ロ　2.0
　　ハ　2.5
　　ニ　3.0

8 次のうち、一般に、保冷工事に使用されない接着剤はどれか。

　　イ　ゴム系接着剤
　　ロ　けい酸ソーダ系接着剤
　　ハ　エポキシ樹脂系接着剤
　　ニ　ウレタン樹脂系接着剤

9 文中の(　　)内に当てはまる語句として、適切なものはどれか。

　日本産業規格(JIS)の保温保冷工事施工標準によれば、防露とは、保冷の一分野で、主に(　　)の物体の表面に結露を生じさせないことをいう。

　　イ　常温を超え1000℃以下
　　ロ　常温を超え180℃以下
　　ハ　0℃以上常温以下
　　ニ　−180℃以上0℃未満

10 空気調和・衛生工学会規格(SHASE−S)における配管の名称と図示記号の組合せとして、誤っているものはどれか。

　　　　　(配管の名称)　　　　　(図示記号)
　　イ　冷水返り管　　　———CR———
　　ロ　温水返り管　　　———HR———
　　ハ　ドレン管　　　　———D———
　　ニ　冷温水送り管　　———CHR———

［B群（多肢択一法）］

11 器工具及び機械に関する記述として、適切でないものはどれか。
  イ　サークラーシャーは、金属板を曲線に切断するのに使用される。
  ロ　ハッカーは、針金やきっ甲金網の結束・引締めに使用される。
  ハ　三本ロール機は、金属板のはぜ折りに使用される。
  ニ　砥石切断機は、金属材などの切断に使用される。

12 次のうち、長さや内径・外径を測定するのに、最も適している測定用工具はどれか。
  イ　内パス
  ロ　ノギス
  ハ　外パス
  ニ　三角スケール

13 文中の(　　)内に当てはまる数値の組合せとして、適切なものはどれか。
  　冷水管の保冷工事において、冷水管を直接支持し、冷水管回りの保冷材を貫通した吊りボルト(冷水管との間に熱絶縁性のあるインシュレーションスリーパが入っていないもの)を保冷する場合は、冷水管の保冷厚さが50mmであれば、この冷水管の保冷材の外表面から(　①　)mm離れた位置まで、保冷厚さ(　②　)mmで吊りボルトに増し保冷を行うとよい。
  　　　　　①　　　　②
  イ　150・・・20
  ロ　100・・・20
  ハ　150・・・25
  ニ　100・・・25

14 文中の(　　)内に当てはまる数値として、適切なものはどれか。
  　公共建築工事標準仕様書によれば、屋内露出の配管及びダクトの床貫通部は、その保温材保護のため、床面より少なくとも高さ(　　)mmまでステンレス鋼板で被覆する。ただし、外装材にカラー亜鉛鉄板等の金属板を使用する場合を除く。
  イ　80
  ロ　100
  ハ　120
  ニ　150

15 次のうち、冷水管の結露の原因とならないものはどれか。
  イ　防湿材の施工不良
  ロ　保冷材の厚さ過多
  ハ　保冷材の継ぎ目処理不良
  ニ　保冷材の選定誤り

16 配管の防露・保冷の施工に関する記述として、適切でないものはどれか。
　　イ　通気管は、一切施工する必要がない。
　　ロ　繊維質保温材での保冷工事は、保冷厚が計算以上でも防湿層を必要とする。
　　ハ　冷温水管の検水管は、第一バルブまで施工する。
　　ニ　天井内のバルブ類は、ハンドル軸まで保冷するとよい。

17 長さ6000mの配管の保温工事を実可動日数30日で完了させる場合、1日平均で必要となる作業員数はどれか。ただし、配管1m当たりの工数(歩掛り)は、0.025人工／mとする。
　　イ　2
　　ロ　3
　　ハ　4
　　ニ　5

18 文中の(　　)内に当てはまる数値として、適切なものはどれか。
　　労働安全衛生法関係法令によれば、単管足場(単管足場用鋼管規格に適合する鋼管を用いて構成される鋼管足場)における建地間の積載荷重の限度は、原則として、(　　)kgである。
　　イ　400
　　ロ　500
　　ハ　600
　　ニ　700

19 次のうち、一般に、換気設備に含まれないものはどれか。
　　イ　換気扇
　　ロ　排煙機
　　ハ　排気ダクト
　　ニ　外気取入れダクト

20 蒸気暖房設備に用いられるスチームトラップの機能に関する記述として、適切なものはどれか。
　　イ　配管内のスチームの逆流を防止する。
　　ロ　配管内のスチームの流れを良くする。
　　ハ　配管内のスチームから水分を分離し、配管外へ排除する。
　　ニ　配管内のスチームの圧力を一定にする。

［B群（多肢択一法）］

21 建築設備配管類の保温施工に関する記述として、適切でないものはどれか。
　　イ　防湿に使用するポリエチレンフィルムテープは、1／2重ね(ハーフラップ)以上
　　　のらせん巻きとする。
　　ロ　シーリング材の充てん作業は、温度や湿度等の気象条件を考慮しなくてよい。
　　ハ　露出部エルボのテープ巻きは、巻き目がきちんと放射状になるようにする。
　　ニ　バルブやフランジ等の施工は、ボルトとナットの取外しが可能となるように行
　　　う。

22 次のうち、ボタンパンチはぜの構造を示す図はどれか。

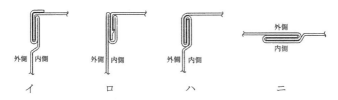

　　　　イ　　　　　　　ロ　　　　　　ハ　　　　　　ニ

23 日本産業規格(JIS)によれば、ビーズ法ポリスチレンフォーム保温板の種類において、
　厚さ25mmの場合の透湿係数が、最も小さいものはどれか。
　　イ　1号
　　ロ　2号
　　ハ　3号
　　ニ　4号

24 次のうち、水を基材としない接着剤はどれか。
　　イ　塩化ビニル系接着剤
　　ロ　酢酸ビニル系接着剤
　　ハ　アクリル系接着剤
　　ニ　ポリウレタン系接着剤

25 日本産業規格(JIS)によれば、保温材とその使用温度の目安の組合せとして、誤ってい
　るものはどれか。
　　　　　　　　（保温材）　　　　　　　　　（使用温度の目安）
　　イ　ビーズ法ポリスチレンフォーム保温板2号・・80℃以下
　　ロ　押出法ポリスチレンフォーム保温板2種・・・110℃以下
　　ハ　ビーズ法ポリスチレンフォーム保温筒2号・・70℃以下
　　ニ　ポリエチレンフォーム保温筒2種・・・・・120℃以下

令和3年度 技能検定
1級 熱絶縁施工 学科試験問題
（保温保冷工事作業）

1. 試験時間　　1時間40分
2. 問題数　　　50題(A群25題、B群25題)
3. 注意事項
   （1）　係員の指示があるまで、この表紙はあけないでください。
   （2）　答案用紙(真偽法と多肢択一法の併用)に検定職種名、作業名、級別、受検番号、氏名を必ず記入してください。
   （3）　係員の指示に従って、問題数を確かめてください。それらに異常がある場合は、黙って手を挙げてください。問題はA群(真偽法)とB群(多肢択一法)とに分かれています。
   （4）　試験開始の合図で始めてください。
   （5）　解答の方法(真偽法と多肢択一法の併用)は次のとおりです。
   　　イ．　A群の問題(真偽法)は、一つ一つの問題の内容が正しいか、誤っているかを判断して解答してください。
   　　ロ．　B群の問題(多肢択一法)は、正解と思うものを一つだけ選んで、解答してください。二つ以上に解答した場合は誤答となります。
   　　ハ．　答案用紙(マークシート用紙)へ解答する際は、答案用紙に記載されている注意事項に従ってください。
   　　ニ．　答案用紙の解答欄は、A群の問題とB群の問題とでは異なります。所定の解答欄に、試験問題の題数に応じて解答してください。解答欄はA群は50題まで、B群は25題まで解答できるようになっています。
   （6）　電子式卓上計算機その他これと同等の機能を有するものは、使用してはいけません。
   （7）　携帯電話、スマートフォン、ウェアラブル端末等は、使用してはいけません。
   （8）　試験中、質問があるときは、黙って手を挙げてください。ただし、試験問題の内容、漢字の読み方等に関する質問にはお答えできません。
   （9）　試験終了時刻前に解答ができあがった場合は、黙って手を挙げて、係員の指示に従ってください。
   （10）　試験中に手洗いに立ちたいときは、黙って手を挙げて、係員の指示に従ってください。
   （11）　試験終了の合図があったら、筆記用具を置き、係員の指示に従ってください。

［A群（真偽法）］

1 熱伝導率とは、その値が大きいほど熱を伝えやすく、小さいほど熱を伝えにくいことを表す。

2 日本産業規格(JIS)の保温保冷工事施工標準によれば、経済的な保温厚さは、1年間の施工価格と放散熱量相当の熱量価格との金額の和が最小となるときの保温厚さである。

3 日本産業規格(JIS)の保温保冷工事施工標準によれば、保温材は、一般に、常温において熱伝導率が0.065W／(m・K)以下の材料である。

4 日本産業規格(JIS)の保温保冷工事施工標準によれば、保温とは、常温以上、約1000℃以下の物体を被覆し熱放散を少なくすること又は被覆後の表面温度を低下させることである。

5 建築基準法関係法令によれば、厚さが3mmの繊維混入ケイ酸カルシウム板は、不燃材料である。

6 労働安全衛生法関係法令によれば、事業者は、高さが2m以上の箇所(作業床の端、開口部等を除く。)で作業を行う場合において墜落により労働者に危険を及ぼすおそれのあるときは、足場を組み立てる等の方法により作業床を設けなければならない。

7 労働安全衛生法関係法令によれば、階段が設けられていない高さ2m以上の架設通路の勾配は、30度以下とすることとされている。

8 空気調和・衛生工学会規格(SHASE−S)によれば、次は、排煙ダクトを表す図示記号である。

SM

9 日本産業規格(JIS)によれば、鋼管の種類の記号STPTは、高温配管用炭素鋼鋼管を表す。

10 次の左図の対象物を、右の投影図にしたものは、第一角法で作成されている。

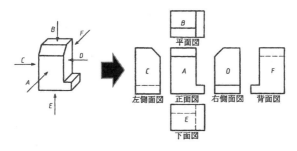

［A群（真偽法）］

11 動力シャーは、板を直線に切断するのに使用する。

12 内パスは、丸削りしたものの外径や厚さなどの測定に用いられる。

13 酢酸ビニル系の接着剤は、ポリスチレンフォーム保温材の接着に使用される。

14 空調用給気ダクトをALK付グラスウール保温板24Kでそのままの状態でラップ施工する場合、ラップ幅を100mm以下にすると結露の原因となることがある。

15 原子力発電設備において、定期点検の際に点検開放する頻度が高い箇所には、金属保温材が使用されることがある。

16 アルミニウム板を鉄ビスでとめると、電食現象を起こすことがある。

17 日本産業規格(JIS)によれば、ロックウール保温板の熱間収縮温度は、400°C以上とされている。

18 圧力容器にスタッドボルトを溶接して保温材を取り付ける場合は、圧力容器の缶体検査後にスタッドボルトを缶体に溶接して、保温材を取り付ける。

19 労働安全衛生法関係法令によれば、単管足場における建地の間隔は、けた行方向を2m以下、はり間方向を1.8m以下とすることとされている。

20 スチームトラップは、蒸気配管内での蒸気の逆流を防止するための装置である。

21 吸収式冷凍機は、一般に、ターボ冷凍機よりも騒音や振動が大きい。

22 日本産業規格(JIS)によれば、HEPAフィルタの粒子補集率は、定格流量で粒径が$0.3\mu m$の粒子に対して、99.97%以上である。

23 日本産業規格(JIS)の保温保冷工事施工標準によれば、給湯管、温水管及び蒸気管の屋外露出部には、外装材としてアルミガラスクロスを取り付ける。

24 日本産業規格(JIS)によれば、けい酸カルシウム保温板における厚さの基準寸法の最大値は、50mmである。

25 保温材に使用される高温用接着剤は、一般に、けい酸ソーダを基材としている。

［B群（多肢択一法）］

1 伝熱の三形態として、適切でないものはどれか。
　　イ　放射(ふく射)
　　ロ　伝達
　　ハ　対流
　　ニ　伝導

2 保温材の施工厚さに関する記述として、適切なものはどれか。
　　イ　保温材の厚さを厚くすれば、保温材の熱伝導率は大きくなる。
　　ロ　火傷防止の保温材の厚さは、保温材の表面温度を通常は60℃以下になるように計算する。
　　ハ　タービンを駆動するための高圧蒸気を輸送する配管は、予め定めた放散熱量値以上になるような保温材の厚さに施工する。
　　ニ　配管の凍結防止の施工では、配管の径が大きいほど保温材の厚さを厚くする。

3 物理量とその単位の組合せとして、適切でないものはどれか。
　　　　　物理量　　　　　　単位
　　イ　熱量・・・・・・・・J
　　ロ　比熱・・・・・・・J／(g・K)
　　ハ　熱容量・・・・・・・W
　　ニ　表面熱伝達率・・・W／(m²・K)

4 文中の(　　)内に当てはまる数値として、正しいものはどれか。
　　建築基準法関係法令によれば、居室の天井の高さは、(　　)m以上でなければならない。
　　イ　1.5
　　ロ　1.8
　　ハ　2.0
　　ニ　2.1

5 消防法関係法令において、消火活動上必要な施設に含まれないものはどれか。
　　イ　スプリンクラー設備
　　ロ　排煙設備
　　ハ　連結送水管
　　ニ　非常コンセント設備

6 文中の(　　)内に当てはまる数値の組合せとして、適切なものはどれか。
　　労働安全衛生法関係法令によれば、事業者は、労働者を常時就業させる場所の作業面の照度を、普通の作業の場合、(　①　)ルクス以上、精密な作業の場合、(　②　)ルクス以上としなければならない。
　　　　　　　①　　　　②
　　イ　　50・・・150
　　ロ　　70・・・150
　　ハ　　70・・・300
　　ニ　150・・・300

7 文中の(　　)内に当てはまる語句等の組合せとして、適切なものはどれか。
　　労働安全衛生法関係法令によれば、事業者は、(　①　)濃度が(　②　)％を超える場所には、関係者以外の者が立ち入ることを禁止し、かつ、その旨を見やすい箇所に表示しなければならない。
　　　　　　　①　　　　　②
　　イ　炭酸ガス・・・0.15
　　ロ　炭酸ガス・・・1.5
　　ハ　酸素・・・・・18
　　ニ　酸素・・・・・21

8 日本産業規格(JIS)によれば、寸法補助記号Sφが表すものはどれか。
　　イ　円の直径
　　ロ　半径
　　ハ　円弧の長さ
　　ニ　球の直径

9 日本産業規格(JIS)の保温保冷工事施工標準によれば、保温保冷工事に使用する材料の種類を選択する際の条件に含まれないものはどれか。
　　イ　熱量価格
　　ロ　燃焼性
　　ハ　使用温度範囲
　　ニ　使用年数

10 空気調和・衛生工学会規格(SHASE－S)によれば、冷媒ガス管を表す図示記号として、正しいものはどれか。
　　イ　———— BR ————
　　ロ　———— R ————
　　ハ　———— RL ————
　　ニ　———— RG ————

［B群（多肢択一法）］

11　板金加工において、原寸をけがくための器工具でないものはどれか。
　　　イ　片パス
　　　ロ　コンパス
　　　ハ　しの
　　　ニ　型打ちポンチ

12　熱絶縁施工に使用する器工具に関する記述として、適切でないものはどれか。
　　　イ　スリッタは、板を直線に切断するのに使用する。
　　　ロ　サークラーシャーは、板を曲線に切断するのに使用する。
　　　ハ　エアコンプレッサは、圧縮空気を供給する。
　　　ニ　直刃は、平板の円形切断や内側の穴抜き切断に使用する。

13　文中の（　　）内に当てはまる数値の組合せとして、正しいものはどれか。
　　　公共建築工事標準仕様書によれば、保温工事において、アルミガラスクロス化粧原紙の取付けは、（　①　）mm以上の重ね幅とし、合わせ目は（　②　）mm以下のピッチでステープル止めを行う。
　　　　　　　　①　　　②
　　　イ　10　　150
　　　ロ　10　　200
　　　ハ　30　　150
　　　ニ　30　　200

14　文中の（　　）内に当てはまる数値として、正しいものはどれか。
　　　公共建築工事標準仕様書によれば、屋内露出の蒸気管等が壁、床等を貫通する場合は、その面から（　　）mm以内は保温を行わないとされている。
　　　イ　25
　　　ロ　30
　　　ハ　35
　　　ニ　50

15　文中の（　　）内に当てはまる数値として、正しいものはどれか。
　　　日本産業規格(JIS)の保温保冷工事施工標準によれば、保温工事において、被保温面の温度が（　　）℃未満の場合は、保温材下腐食が生じやすい環境であるため、使用する保温材の材料の選定には特に注意を要するとされている。
　　　イ　150
　　　ロ　200
　　　ハ　250
　　　ニ　300

16 文中の(　　)内に当てはまる数値の組合せとして、適切なものはどれか。

　　冷水管を直接、支持した吊りボルト(熱絶縁性のあるインシュレーションスリーパが入っていない個所)は、管の保冷厚さが50mmならば保冷外面から(　①　)mmの長さまで保冷厚さ(　②　)mmで保冷を行う。

	①	②
イ	100	10
ロ	100	25
ハ	150	10
ニ	150	25

17 文中の(　　)内に当てはまる数値と語句の組合せとして、正しいものはどれか。

　　労働安全衛生法関係法令によれば、事業者は、高さが(　①　)m以上の構造の足場の組立て、解体又は変更の作業については、足場の組立て等作業主任者(　②　)した者のうちから、足場の組立て等作業主任者を選任し、その者に当該作業に従事する労働者の指揮等を行わせなければならない。

	①	②
イ	3	技能講習を修了
ロ	3	免許試験に合格
ハ	5	技能講習を修了
ニ	5	免許試験に合格

18 文中の(　　)内に当てはまる数値の組合せとして、正しいものはどれか。

　　労働安全衛生法関係法令によれば、架設通路において、建設工事に使用する高さ(　①　)m以上の登り桟橋には、(　②　)m以内ごとに踊場を設けなければならない。

	①	②
イ	5	7
ロ	5	10
ハ	8	7
ニ	8	10

19 コンバインドサイクル発電設備に関する記述として、適切でないものはどれか。
　　イ　高温の排ガスを排熱回収ボイラに導いて高温高圧の蒸気を作る。
　　ロ　発電に用いる燃料は、液化天然ガスやガス化した石炭である。
　　ハ　ガスタービンを回転させるための蒸気は、主として、蒸気タービンの排熱を利用して作られる。
　　ニ　発電効率が50%を超す発電設備も稼働している。

［B群（多肢択一法）］

20 日本産業規格(JIS)の銅及び銅合金の継目無管において、水道用銅管の肉厚の種類として設定されているタイプはどれか。
　　イ　Aタイプ
　　ロ　Fタイプ
　　ハ　Lタイプ
　　ニ　Nタイプ

21 ダクト工事におけるクリーンルームのHEPAフィルタの取付位置として、最も適切なものはどれか。
　　イ　送風機
　　ロ　吹出し口
　　ハ　送風機と吹出し口の中間
　　ニ　吸込み口

22 文中の(　　)内に当てはまる数値として、適切なものはどれか。
　　建築基準法関係法令によれば、階段の耐火性能として、通常の火災による火熱が(　　)時間加えられた場合でも、構造耐力上支障のある変形、溶融、破壊その他の損傷を生じないものであることとされている。
　　イ　0.5
　　ロ　1.0
　　ハ　1.5
　　ニ　2.0

23 日本産業規格(JIS)の発泡プラスチック保温材によれば、ビーズ法ポリスチレンフォーム保温筒の使用温度の目安として、適切なものはどれか。
　　イ　70℃以下
　　ロ　80℃以下
　　ハ　100℃以下
　　ニ　120℃以下

24 外装材として使用するアルミニウム板に関する記述として、適切でないものはどれか。
　　イ　平板の他に、丸波板や角波板がある。
　　ロ　保温外径が250mm以上の配管には、一般に、0.2mm厚の平板を使用する。
　　ハ　吸水するとアルカリ性を示す材料に接触すると腐食するので、注意する必要がある。
　　ニ　はっ水性パーライト保温材の外装材には適していない。

25 ロックウールに関する記述として、適切でないものはどれか。
　　イ　船舶等の断熱材として使用されることがある。
　　ロ　石綿(アスベスト)とも呼ばれる。
　　ハ　繊維質なので、水に濡れないように注意する。
　　ニ　防音材として使用されることがある。

熱絶縁施工

正解表

令和4年度　2級　学科試験正解表
熱絶縁施工（保温保冷工事作業）

真偽法

番号	1	2	3	4	5
正解	X	O	O	X	O

番号	6	7	8	9	10
正解	X	X	O	X	X

番号	11	12	13	14	15
正解	X	X	O	O	X

番号	16	17	18	19	20
正解	O	O	O	O	X

番号	21	22	23	24	25
正解	O	O	X	O	O

択一法

番号	1	2	3	4	5
正解	ロ	ニ	ハ	ニ	ニ

番号	6	7	8	9	10
正解	ニ	ニ	ハ	ハ	イ

番号	11	12	13	14	15
正解	イ	ニ	ハ	イ	イ

番号	16	17	18	19	20
正解	ロ	ハ	ハ	ロ	イ

番号	21	22	23	24	25
正解	ニ	イ	ロ	ニ	ロ

令和3年度　2級　学科試験正解表
熱絶縁施工（保温保冷工事作業）

真偽法

番号	1	2	3	4	5
正解	X	X	X	O	O

番号	6	7	8	9	10
正解	O	X	O	X	O

番号	11	12	13	14	15
正解	X	O	O	O	X

番号	16	17	18	19	20
正解	X	O	X	X	O

番号	21	22	23	24	25
正解	O	O	O	X	O

択一法

番号	1	2	3	4	5
正解	ロ	ニ	ニ	ハ	イ

番号	6	7	8	9	10
正解	ハ	ニ	ニ	ハ	イ

番号	11	12	13	14	15
正解	イ	ハ	イ	ロ	イ

番号	16	17	18	19	20
正解	ニ	イ	ニ	イ	ハ

番号	21	22	23	24	25
正解	ロ	ロ	ニ	ロ	ハ

令和4年度　1級　学科試験正解表
熱絶縁施工（保温保冷工事作業）

真偽法

番号	1	2	3	4	5
正解	X	X	X	X	○

番号	6	7	8	9	10
正解	○	○	○	X	○

番号	11	12	13	14	15
正解	○	X	X	○	○

番号	16	17	18	19	20
正解	X	○	X	○	X

番号	21	22	23	24	25
正解	○	○	X	X	X

択一法

番号	1	2	3	4	5
正解	ニ	ニ	イ	ロ	イ

番号	6	7	8	9	10
正解	ハ	ニ	ロ	ハ	ニ

番号	11	12	13	14	15
正解	ハ	ロ	ハ	ニ	ロ

番号	16	17	18	19	20
正解	イ	ニ	イ	ロ	ハ

番号	21	22	23	24	25
正解	ロ	ロ	イ	ニ	ロ

令和3年度　1級　学科試験正解表
熱絶縁施工（保温保冷工事作業）

真偽法

番号	1	2	3	4	5
正解	○	○	○	○	X

番号	6	7	8	9	10
正解	○	○	X	○	X

番号	11	12	13	14	15
正解	○	X	○	○	○

番号	16	17	18	19	20
正解	○	X	X	X	X

番号	21	22	23	24	25
正解	X	○	X	X	○

択一法

番号	1	2	3	4	5
正解	ロ	ロ	ハ	ニ	イ

番号	6	7	8	9	10
正解	ニ	ロ	ニ	イ	ニ

番号	11	12	13	14	15
正解	ハ	ニ	ハ	イ	イ

番号	16	17	18	19	20
正解	ニ	ハ	ハ	ハ	ハ

番号	21	22	23	24	25
正解	ロ	イ	イ	ロ	ロ

冷凍空気調和機器施工

実技試験問題

令和4年度 技能検定
2級冷凍空気調和機器施工（冷凍空気調和機器施工作業）
実技試験（製作等作業試験）問題

次の注意事項及び仕様に従って、施工図に示す冷凍空調設備の配管作業及び気密試験を行いなさい。

1 試験時間

標準時間　　1時間30分
打切り時間　2時間

2 注意事項

（1）支給された材料の品名、数量等が「4　支給材料」のとおりであることを確認すること。
（2）支給された材料に異常がある場合は、申し出ること。
（3）試験開始後は、原則として、支給材料の再支給はしない。
（4）使用工具等は、使用工具等一覧表で指定した以外のものは使用しないこと。
（5）試験中は、工具等の貸し借りを禁止する。持参工具の予備を使用する場合は、技能検定委員の確認を受けること。
（6）作業時の服装等は、作業に適したもの(長袖及び長ズボン)とし、作業帽又は保護帽を着用すること。
　　　なお、溶接作業時には、保護眼鏡(ガス溶接用遮光眼鏡)及び溶接用革手袋を使用すること。
　　　また、作業時の服装等が著しく不適切であり、受検者の安全管理上、重大なけが・事故につながる等試験を受けさせることが適切でないと技能検定委員が判断した場合、試験を中止(失格)とする場合がある。
（7）作業は、緊急時に対応できる姿勢をとって行うこと。(あぐらをかく、床に尻をつけて座る等の姿勢をとらないこと。)
（8）銅管溶接後の冷却は、直接バケツに入れず、濡らしたウエスで冷却すること。
（9）ガス溶接装置及び気密試験用設備を使用するときは、技能検定委員に申し出ること。
（10）試験中は、他の用紙にメモをしたものや参考書等を参照することは禁止とする。
（11）試験中は、携帯電話、スマートフォン、ウェアラブル端末等の使用(電卓機能の使用を含む。)を禁止とする。
（12）標準時間を超えて作業を行った場合は、超過時間に応じて減点される。
（13）作業が終了したら、技能検定委員に申し出ること。
（14）試験当日は、労働安全衛生法第61条第1項に基づくガス溶接作業主任者免許証、ガス溶接技能講習修了証等の資格証を携帯すること。
　　　なお、携帯していない場合は、ガス溶接等の危険な作業があるため安全確保上の理由から、原則として受検できないので注意すること。
（15）機器操作、工具・材料等の取扱いについて、そのまま継続すると機器・設備の破損やけがなどを招くおそれがあり危険であると技能検定委員が判断した場合、試験中にその旨を注意することがある。
　　　さらに、当該注意を受けてもなお、危険な行為を続けた場合、技能検定委員全員の判断により試験を中止し、かつ失格とする。ただし、緊急性を伴うと判断された場合は、注意を挟まず即中止(失格)とすることがある。

3　仕　　様

（1）　施工図の寸法は、フレア継手のユニオン⒜及び⒝の中心を結ぶ線を基準として記入してある。

（2）　寸法公差は、±3mm とする。

（3）　配管作業は、合板に基準線、固定金具の取付け位置及び管の中心線を示す平面図を現寸で描いてから行うこと。ただし、継手及び曲げ加工の部分の作図は、省略してもよい。

（4）　フレア継手を取り付ける部分の管端には、フレア加工を行うこと。

（5）　フレア加工の箇所の締付けには、テーパ面に冷凍機油を塗布しても差し支えない。

（6）　管の曲げ加工は、パイプベンダを使用して、曲げ半径45mm 程度に行うこと。

（7）　固定金具は、加工しないで使用するものとし、製品をねじれのないように取り付けること。

（8）　気密試験は、次の方法により行うこと。

　　①　製品に加圧ホースを接続すること。このとき、ホースの接続箇所に漏れがないように留意すること。

　　②　製品を水槽に水平に浸けること。

　　③　加圧は、一度に規定圧力とせず、最初に 0.5MPa まで加圧する。圧力の低下のないことを確認してから 1.5MPa まで昇圧し、再度圧力の低下のないことを確認してから 4.0MPa まで昇圧し、バルブを閉めること。

　　④　15秒間放置し、3.8MPa 以上の圧力を維持しているか確認すること。

（9）　気密試験後は、増し締め、手直し等を行わないこと。

（10）　気密試験を終了した製品は、指定された場所に提出すること。

4　支給材料

品　　　　名	寸　法　又　は　規　格	数量	備　　　考
① 銅　管（りん脱酸銅継目無管）	JIS H 3300　C1201T-O又はC1220T-O 外径12.7mm　肉厚0.8mm　長さ1500mm	1	
② 銅　管（りん脱酸銅継目無管）	JIS H 3300　C1201T-O又はC1220T-O 外径6.35mm　肉厚0.8mm　長さ300mm	1	
③ フレア継手(ナット付き)	12.7mm、真ちゅう製	3	冷媒R410A用
④ フレア継手(ナット付き)	6.35mm、真ちゅう製	1	窒素ガスボンベ接続用
⑤ 溶接用銅管継手(エルボ)	12.7mm	1	冷媒R410A用
⑥ 溶接用銅管継手(ティー)	12.7mm	1	冷媒R410A用
⑦ 溶接用銅管継手（径違いソケット）	12.7mm×6.35mm	1	冷媒R410A用
⑧ 固定金具	等辺山形鋼（アングル） L25mm×25mm×3mm　長さ250mm	2	孔加工済みのもの
⑨ サドルバンド		4	
⑩ 丸小ねじ(プラス)	JIS B 1101 M4　長さ14mm程度のもの	8	
⑪ ナット	JIS B 1181　M4	8	
⑫ 平座金	JIS B 1256　小形丸　M4	8	
⑬ 溶接棒	りん銅ろう(JIS Z 3264　BCuP-3) φ1.6mm程度	1	
⑭ ループ加工用ジグ	硬質塩化ビニル管 外径38mm、長さ150mm	1	

単位：mm

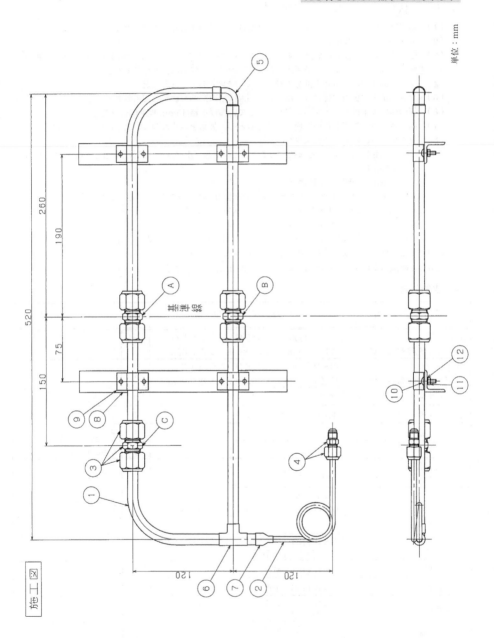

施工図

2級冷凍空気調和機器施工実技試験使用工具等一覧表

(1) 受検者が持参するもの

品　　名	寸 法 又 は 規 格	数量	備　　考
パイプベンダ	外径12.7mm(1/2インチ)の管の加工ができるもの	1組	電動式及び油圧式は不可 ラチェット式ベンダ(油圧式を除く)は可
フレアツール	冷媒R410A用	1	電動工具は不可
パイプカッタ		1	
リ　ー　マ		1	面取り用、スクレーパも可
モンキーレンチ	150mm〜350mm	適宜	スパナ、トルクレンチでも可
ドライバ(プラス)		1	サドルバンド取付け用 電動式は不可
組やすり		1組	
金属製直尺又は鋼製巻尺	1m程度	1	
曲尺(さしがね)		1	
三角定規		1組	
コンパス		1	
サンドペーパー		1	スチールウールでも可
ウ　エ　ス		若干	
作業服等		一式	
作業帽又は保護帽		1	
保護眼鏡(ガス溶接用遮光眼鏡)		1	
溶接用革手袋		1	
一般作業用手袋		1	持参は任意とする。
筆記用具	鉛筆、消しゴム、サインペン等	一式	
資格証等	労働安全衛生法第61条第1項に基づくガス溶接作業主任者免許証、ガス溶接技能講習修了証等の資格証	1	

(注)使用工具等は、上記のものに限るが、同一種類のものを予備として持参することは差し支えない。

(2) 試験場に準備されているもの

(数量は、特にことわりがない場合は、受検者1名当たりの数量とする。)

品　　名	寸 法 又 は 規 格	数 量	備　　考
ガス溶接装置	溶解アセチレン及び酸素、バーナ(ドイツ式又はフランス式)、圧力調整器、ゴムホース等	3名当たり一 式	溶接用ライター〜冷却用バケツ｝を含む。
気密試験用設備		15名程度当たり一式以上	
冷凍機油	冷媒R410A用	若 干	スプレー式の場合も含む。
合板	910mm×910mm×3mm程度	1 枚	

実技試験（計画立案等作業試験）について

1 試験実施日
　　令和5年1月29日（日）

2 試験時間
　　1時間30分

3 問題の概要
　　冷凍空気調和機器の機能、構造及び故障の発見等について行う。

4 持参用具

品　　名	寸 法 又 は 規 格	数 量	備　　考
筆 記 用 具	鉛筆、消しゴム等	一 式	
三 角 定 規		1 組	
電子式卓上計算機	電池式(太陽電池式含む。)	1	関数電卓不可

その他
　　試験中は、携帯電話、スマートフォン、ウェアラブル端末等の使用(電卓機能の使用を含む。)を禁止とする。

令和4年度 技能検定
2級冷凍空気調和機器施工（冷凍空気調和機器施工作業）
実技試験（計画立案等作業試験）問題

1 試験時間

1時間30分

2 注意事項

（1） 係員の指示があるまで、この表紙はあけないでください。

（2） 解答用紙に、受検番号及び氏名を必ず記入してください。

（3） 係員の指示に従って、この試験問題が表紙を含めて7ページであることを確認してください。
それらに異常がある場合は、黙って手を挙げてください。

（4） 試験開始の合図で始めてください。

（5） 解答は、解答用紙の解答欄に記入してください。
なお、要求している解答以外は記入しないでください。

（6） 解答用紙の※欄には、何も記入しないでください。

（7） 試験中は、携帯電話、スマートフォン、ウェアラブル端末等の使用(電卓機能の使用を含む。)
を禁止とします。

（8） 試験中、質問があるときは、黙って手を挙げてください。ただし、試験問題の内容、漢字の読
み方等に関する質問にはお答えできません。

（9） 試験終了時刻前に解答ができあがった場合は、黙って手を挙げて、係員の指示に従ってくださ
い。

（10） 試験中に手洗いに立ちたいときは、黙って手を挙げて、係員の指示に従ってください。

（11） 試験終了の合図があったら、筆記用具を置き、係員の指示に従ってください。

（12） 試験終了後、解答用紙を提出してください。

（13） 計算等は、問題用紙の余白又は裏面を使用して行ってください。

3 試験に使用できる用具等一覧

品　名	寸法又は規格	数量	備　考
筆　記　用　具	鉛筆、消しゴム等	一式	
三　角　定　規		1組	
電子式卓上計算機	電池式(太陽電池式含む)	1	関数電卓不可

【問題1】下図に示す冷凍機のシーケンス図について、次の(1)〜(6)の記述で、正しいものには○印、誤っているものには×印を解答用紙の解答欄に記入しなさい。

シーケンス図

凡例

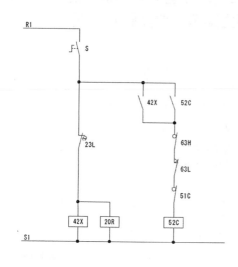

記号	機 器 名 称
S	スイッチ(非自動復帰)
20R	冷媒電磁弁(通電時開)
23L	サーモスタット
42X	補助継電器
51C	圧縮機用過電流継電器
52C	圧縮機用電磁接触器
63H	高圧圧力開閉器
63L	低圧圧力開閉器

設問(1) 圧縮機用過電流継電器 51C が作動するとポンプダウン完了後に圧縮機を停止する。

設問(2) 圧縮機用電磁接触器 52C のメーク接点は自己保持用である。

設問(3) 低圧圧力開閉器 63L は、非自動復帰形である。

設問(4) 運転中、高圧圧力開閉器 63H が「開」になると、圧縮機は直ちに停止する。高圧カットの原因を除去し、高圧圧力開閉器 63H をリセットすれば圧縮機は再び運転をする。

設問(5) 補助継電器 42X のメーク接点は自己保持用である。

設問(6) 運転中、サーモスタット 23L が「開」になると、冷媒電磁弁 20R が閉まり、低圧圧力開閉器 63L が「開」になるまで圧縮機はポンプダウン運転をする。

【問題2】 空調設備の密閉回路方式について、次の(1)〜(3)の記述で、適切なものには〇印、適切でないものには×印を解答用紙の解答欄に記入しなさい。

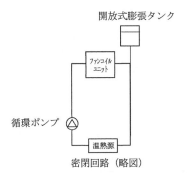

開放式膨張タンク

ファンコイル
ユニット

循環ポンプ

温熱源

密閉回路（略図）

設問(1)　開放式膨張タンクを、配管系の最高部より 1m 以上高いところに設置した。

設問(2)　配管内に空気が溜まらないよう膨張タンクに向かって先下がり勾配とした。

設問(3)　膨張量を算定するには、配管系の全水量と、水温の変化前と変化後の水の密度(kg/m^3)を用いて計算する。

【問題3】 下図は、単段蒸気圧縮冷凍サイクル内の冷媒の理想的状態変化の概念図である。以下の記述の（ ）内の番号に当てはまる最も適切な語句を語群から一つずつ選び、その記号を解答用紙の解答欄に記入しなさい。ただし、同一記号を重複して使用しないこと。

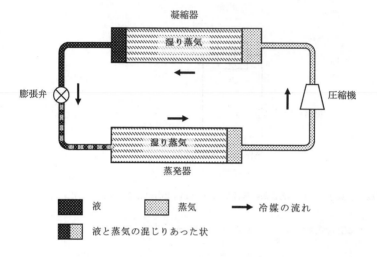

冷媒は、冷凍サイクル内を蒸発、圧縮、凝縮、膨張、蒸発といった状態変化を繰り返しながら循環し、目的の冷却作用を行う。冷凍サイクル内の主要機器における冷媒の変化は以下のとおりである。

蒸発器：膨張弁から送られた冷媒は、外部から吸熱して蒸発し（ ① ）の蒸気になる。

圧縮機：蒸発器から送られた冷媒は、圧縮され（ ② ）の蒸気になる。

凝縮器：圧縮機から送られた冷媒は、外部に放熱して凝縮し、出口では、高温高圧の（ ③ ）になる。

膨張弁：凝縮器から送られた冷媒は、狭い弁通路を通ることにより（ ④ ）され膨張し、液と蒸気の混じりあった状態になる。冷媒は蒸発器に送られる。

【語群】

記号	語句	記号	語句
イ	減圧	ホ	蒸気
ロ	加圧	ヘ	液
ハ	膨張	ト	低温低圧
ニ	圧縮	チ	高温高圧

【問題 4】フルオロカーボン非共沸混合冷媒 R410A の水冷チリングユニットの作業や、運転の不具合現象に対する処置に関する次の設問(1)～(4)について、最も適切なものをそれぞれイ～ハから一つ選び、その記号を解答用紙の解答欄に記入しなさい。

設問(1)　圧縮機用モータの過電流継電器が作動した。

　　　　[原因]　イ　圧縮機の軸受け不良。
　　　　　　　　ロ　凝縮器の風量が多すぎる。
　　　　　　　　ハ　蒸発器の水量が少なすぎる。

設問(2)　サイフォン管付きの冷媒容器における、整備時の冷媒の充填方法として、以下の作業を行った。

　　　　[作業]　イ　サイフォン管付きなので、冷媒容器を横倒しにして充填した。
　　　　　　　　ロ　サイフォン管が容器の底部まであるので、冷媒容器を正立させて充填した。
　　　　　　　　ハ　冷媒出口が液でなければならないので、冷媒容器を逆立ちにして充填した。

設問(3)　運転時に、低圧圧力スイッチが作動したので、以下の処置を採った。

　　　　[処置]　イ　冷凍サイクル内に空気が混入したと考え、空気抜き(エアパージ)を行った。
　　　　　　　　ロ　冷却水の流量が少ないと考え、流量を増やした。
　　　　　　　　ハ　膨張弁のストレーナが詰まったと考え、分解して清掃した。

設問(4)　低圧圧力が低く、冷媒不足であったので、冷媒漏れが生じている箇所を修理した後、以下の処置を採った。

　　　　[処置]　イ　初期充填量になるように追加充填した。
　　　　　　　　ロ　機内の冷媒をすべて大気に放出し、新たに初期充填量を充填した。
　　　　　　　　ハ　機内の冷媒をすべて回収容器に回収し、新たに初期充填量を充填した。

【問題5】 全空気方式の空気調和装置に関して、下図は、冷却、減湿及び再熱調整を行ったときの「湿り空気線図」上での空気の状態変化を示している。送風量 V が 5.0 [m³/s]のとき、次の設問(1)〜(3)に答えなさい。

なお、A 点は外気、B 点は還気、C 点は A 点と B 点の混合空気、D 点は冷却除湿器の出口空気の状態を示す。

また、空気の密度は 1.2 [kg/m³]、乾き空気の比熱は 1.0 [kJ/(kg(DA)・K)]、水の蒸発潜熱は 2502[kJ/kg]とする。

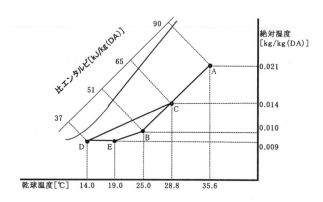

設問(1) 還気量V1 の値を下の数値群から最も近い数値を一つ選び、その記号を解答用紙の解答欄に記入しなさい。

数値群 V1[m³/s]

イ	1.3	ロ	1.8	ハ	2.3	ニ	3.2

設問(2) B・E 間の熱量差の内、顕熱量 Q の値を下の数値群から最も近い数値を一つ選び、その記号を解答用紙の解答欄に記入しなさい。ただし、Q [kW]＝1.2 [kg/m³]×送風量 V [m³/s]×温度差[℃]×乾き空気の比熱[kJ/(kg(DA)・K)]とする。

数値群 Q[kW]

イ	22.8	ロ	30.0	ハ	36.0	ニ	66.0

設問(3) B・E 間で変化する水分量 G の値を下の数値群から最も近い数値を一つ選び、その記号を解答用紙の解答欄に記入しなさい。ただし、G [kg/h]＝1.2 [kg/m³]×送風量 V [m³/s]×3600[s/h]×絶対湿度差[kg/kg(DA)]とする。

数値群 G[kg/h]

イ	21.6	ロ	86.4	ハ	108.0	ニ	259.2

【問題6】 下記の理論冷凍サイクルの冷凍装置に関する設問(1)〜(3)について、最も近い数値を数値群から一つずつ選び、その記号を解答用紙の解答欄に記入しなさい。

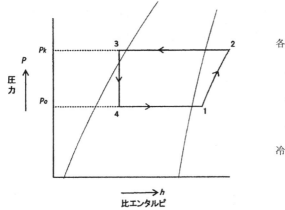

各部の比エンタルピ値 [kJ/kg]

$h_1 = 360.0$

$h_2 = 400.0$

$h_3 = h_4 = 240.0$

冷凍能力 $\Phi_o = 96.0$ [kW]

設問(1) 冷媒循環量 q_{mr} に、最も近い数値 [kg/s] はどれか。

設問(2) 凝縮器放熱量 Φ_k に、最も近い数値 [kW] はどれか。

設問(3) 理論冷凍サイクルの成績係数 $(COP)_{th.R}$ に、最も近い数値はどれか。

数値群

記号	数値
イ	0.8
ロ	1.5
ハ	3.0
ニ	4.0
ホ	110.0
ヘ	128.0

令和3年度 技能検定
2級冷凍空気調和機器施工（冷凍空気調和機器施工作業）
実技試験（計画立案等作業試験）問題

1 試験時間

1時間30分

2 注意事項

（1） 係員の指示があるまで、この表紙はあけないでください。

（2） 解答用紙に、受検番号及び氏名を必ず記入してください。

（3） 係員の指示に従って、この試験問題が表紙を含めて 7 ページであることを確認してください。
それらに異常がある場合は、黙って手を挙げてください。

（4） 試験開始の合図で始めてください。

（5） 解答は、解答用紙の解答欄に記入してください。
なお、要求している解答以外は記入しないでください。

（6） 解答用紙の※欄には、何も記入しないでください。

（7） 試験中は、携帯電話、スマートフォン、ウェアラブル端末等の使用(電卓機能の使用を含む。)
を禁止とします。

（8） 試験中、質問があるときは、黙って手を挙げてください。ただし、試験問題の内容、漢字の読
み方等に関する質問にはお答えできません。

（9） 試験終了時刻前に解答ができあがった場合は、黙って手を挙げて、係員の指示に従ってくださ
い。

（10） 試験中に手洗いに立ちたいときは、黙って手を挙げて、係員の指示に従ってください。

（11） 試験終了の合図があったら、筆記用具を置き、係員の指示に従ってください。

（12） 試験終了後、解答用紙を提出してください。

（13） 計算等は、問題用紙の余白又は裏面を使用して行ってください。

3 試験に使用できる用具等一覧

品　　　名	寸　法　又　は　規　格	数　量	備　　　考
筆　記　用　具	鉛筆、消しゴム等	一　式	
三　角　定　規		1　組	
電子式卓上計算機	電池式(太陽電池式含む)	1	関数電卓不可

【問題1】 下図に示す冷凍機のシーケンス図について、次の(1)〜(6)の記述で、正しいものには〇印、誤っているものには×印を解答用紙の解答欄に記入しなさい。

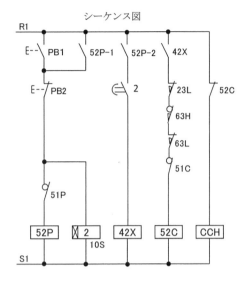

シーケンス図

記号	機 器 名 称
PB1 PB2	押しボタンスイッチ
2	タイマ
23L	サーモスタット
42X	補助継電器
51C	圧縮機用過電流継電器
51P	ポンプ用過電流継電器
52C	圧縮機用電磁接触器
52P	ポンプ用電磁接触器
63H	高圧圧力開閉器
63L	低圧圧力開閉器
CCH	クランクケースヒータ

(1) PB1を押すと直ちに圧縮機が運転する。

(2) 運転中にPB2を押すとポンプダウン後に圧縮機が停止する。

(3) CCHは圧縮機が停止中に通電される。

(4) 52Pのメーク接点52P−1は自己保持用である。

(5) 42Xのメーク接点は、ポンプと圧縮機とのインターロック用である。

(6) 63Hは自動復帰形なので、圧力が設定値以下になると圧縮機が運転を開始する。

【問題 2】冷凍装置の冷媒配管施工について、次の(1)～(3)の記述で、適切なものには〇印、適切でないものには×印を解答用紙の解答欄に記入しなさい。

(1)　吐出し管の施工について、圧縮機と凝縮器が同じ高さにある場合は、圧縮機から図に示すように一旦立上がりを設けてから横引き配管は上り勾配で配管し、凝縮器に接続する。

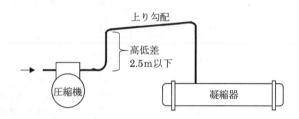

(2)　吐出し管の施工について、圧縮機より凝縮器が高い位置にあり高低差が 5m の場合は、図のようにトラップを設ける。

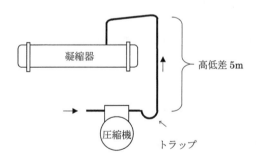

(3) 蒸発器が 2 台以上の装置では、蒸発器から吸込み主管へ入る配管は、吸込み主管の下部に接続する。

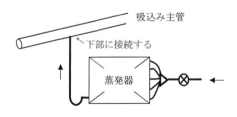

【問題 3】冷凍機油に関する以下の文中の（　）内に当てはまる最も適切な語句を語群から一つずつ選び、
その記号を解答用紙の解答欄に記入しなさい。
ただし、同一記号を重複して使用しないこと。

冷凍用圧縮機に使用される潤滑油をとくに冷凍機油と呼ぶ。

冷凍機油を使用する目的は、圧縮機の軸受及びシリンダとピストンとの間のすき間などの摩擦や摩耗を

減らす（　A　）作用のほかに、摩擦によって発生する熱を吸収する（　B　）作用、軸封装置やピストンリングな

どの（　C　）作用、さびの発生を防ぐ（　D　）作用など、圧縮機を円滑に運転させることにある。

語群

記号	語句	記号	語句
ア	加熱	エ	潤滑
イ	冷却	オ	防錆
ウ	滑り止め	カ	密封

【問題 4】 フルオロカーボン非共沸混合冷媒 R410A の水冷チリングユニットの作業や、運転の不具合現象に対する処置に関する次の設問(1)～(4)について、最も適切なものをそれぞれイ～ハから一つ選び、その記号を解答用紙の解答欄に記入しなさい。

設問(1) サイフォン管付きの冷媒容器における、初期運転時の冷媒の充塡方法として、以下の作業を行った。

　　　　[作業]　イ　サイフォン管付きなので、冷媒容器を横倒しにして充塡した。
　　　　　　　　ロ　サイフォン管が容器の底部まであるので、冷媒容器を正立させて充塡した。
　　　　　　　　ハ　冷媒出口が液でなければならないので、冷媒容器を逆立ちにして充塡した。

設問(2) 運転起動時に、圧縮機のクランクケース内が泡立った。

　　　　[処置]　イ　圧縮機のクランクケースから油を抜いた。
　　　　　　　　ロ　運転休止中は、クランクケースヒータに通電するようにした。
　　　　　　　　ハ　運転休止中は、クランクケースヒータに通電しないようにした。

設問(3) 低圧圧力が低く、冷媒不足だったので、漏れ箇所を修理した後、以下の処置を採った。

　　　　[処置]　イ　不足している量を充塡補充した。
　　　　　　　　ロ　残っていた冷媒をすべて大気放出して新しい冷媒を充塡した。
　　　　　　　　ハ　残っていた冷媒はすべて回収容器に回収し、新しい冷媒を充塡した。

設問(4) 運転時に、高圧圧力が高かった。

　　　　[処置]　イ　コンデンサチューブの汚れを清掃した。
　　　　　　　　ロ　冷水冷却器の伝熱管を清掃した。
　　　　　　　　ハ　冷媒不足であったので、若干の冷媒を追加充塡した。

【問題5】空気調和装置に関して、下図は、冷却、減湿及び再熱調整を行ったときの湿り空気線図での空気の状態変化を示している。送風量 V が 3.0 [m³/s]のとき、次の設問(1)～(3)に答えなさい。

なお、A 点は外気、B 点は還気、C 点は A 点と B 点の混合空気、D 点は冷却除湿器の出口空気の状態を示す。

また、空気の密度は 1.2 [kg/m³]、乾き空気の比熱は 1.0 [kJ/(kg(DA)・K)]、水の蒸発潜熱は 2,502[kJ/kg]とする。

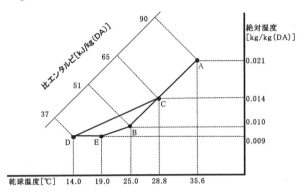

設問(1) 外気量V1の値を以下の数値群から最も近い数値を一つ選び、その記号を解答用紙の解答欄に記入しなさい。

数値群 V1[m³/s]

| イ | 0.8 | ロ | 1.1 | ハ | 1.4 | ニ | 1.9 |

設問(2) D 点の空気を E 点まで再熱したときの再熱量 Q の値を以下の数値群から最も近い数値を一つ選び、その記号を解答用紙の解答欄に記入しなさい。ただし、Q [kW] ＝1.2 [kg/ m³]×風量 V [m³/s] ×温度差 [℃] ×乾き空気の比熱[kJ/(kg(DA)・K)]とする。

数値群 Q[kW]

| イ | 0.014 | ロ | 11.4 | ハ | 18.0 | ニ | 100.8 |

設問(3) 空気調和装置で処理される除湿量 G の値を以下の数値群から最も近い数値を一つ選び、その記号を解答用紙の解答欄に記入しなさい。ただし、G [kg/h] ＝1.2 [kg/m³] ×風量 V [m³/s] ×3600×絶対湿度差 [kg/kg(DA)]とする。

数値群 G[kg/h]

| イ | 7.6 | ロ | 18.0 | ハ | 64.8 | ニ | 252.2 |

【問題6】 下記の理論冷凍サイクルの冷凍装置に関する設問(1)～(3)について、最も近い数値を数値群から一つずつ選び、その記号を解答用紙の解答欄に記入しなさい。

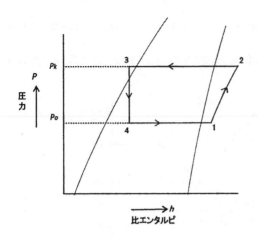

各部の比エンタルピ値 [kJ/kg]

$h_1 = 360.0$

$h_2 = 400.0$

$h_3 = h_4 = 240.0$

冷凍能力 $\Phi_0 = 108.0$ [kW]

設問(1) 冷媒循環量 q_{mr} に、最も近い数値 [kg/s] はどれか。

設問(2) 凝縮器放熱量 Φ_k に、最も近い数値[kW]はどれか。

設問(3) 理論冷凍成績係数$(COP)_{th.R}$に、最も近い数値はどれか。

数値群

記号	数値
イ	0.9
ロ	1.5
ハ	3.0
ニ	4.0
ホ	110.0
ヘ	144.0

令和2年度 技能検定
2級冷凍空気調和機器施工（冷凍空気調和機器施工作業）実技試験（計画立案等作業試験）問題

1 試験時間

1時間30分

2 注意事項

(1) 係員の指示があるまで、この表紙はあけないでください。

(2) 解答用紙に、受検番号及び氏名を必ず記入してください。

(3) 係員の指示に従って、この試験問題が表紙を含めて 7 ページであることを確認してください。それらに異常がある場合は、黙って手を挙げてください。

(4) 試験開始の合図で始めてください。

(5) 解答は、解答用紙の解答欄に記入してください。
なお、要求している解答以外は記入しないでください。

(6) 解答用紙の※欄には、何も記入しないでください。

(7) 試験中は、携帯電話、スマートフォン、ウェアラブル端末等の使用(電卓機能の使用を含む。)を禁止とします。

(8) 試験中、質問があるときは、黙って手を挙げてください。ただし、試験問題の内容、漢字の読み方等に関する質問にはお答えできません。

(9) 試験終了時刻前に解答ができあがった場合は、黙って手を挙げて、係員の指示に従ってください。

(10) 試験中に手洗いに立ちたいときは、黙って手を挙げて、係員の指示に従ってください。

(11) 試験終了の合図があったら、筆記用具を置き、係員の指示に従ってください。

(12) 試験終了後、解答用紙を提出してください。

(13) 計算等は、問題用紙の余白又は裏面を使用して行ってください。

3 試験に使用できる用具等一覧

品　名	寸法又は規格	数量	備　考
筆 記 用 具	鉛筆、消しゴム等	一式	
三 角 定 規		1組	
電子式卓上計算機	電池式(太陽電池式含む)	1	関数電卓不可

【問題 1】 下図に示す回路について、次の(1)～(6)の記述で、正しいものには○印、誤っているものには×印を解答用紙の解答欄に記入しなさい。

回路図　　　　　　　　　　　　　　　　凡例

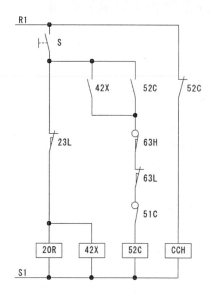

記号	機 器 名 称
20R	冷媒用電磁弁(液管)
23L	サーモスタット
42X	補助継電器
51C	圧縮機用過電流継電器
52C	圧縮機用電磁接触器
63H	高圧圧力開閉器
63L	低圧圧力開閉器
S	手動操作スイッチ
CCH	クランクケースヒータ

(1) 52C のメーク接点は、自己保持用である。

(2) 42X のメーク接点は、インターロック用である。

(3) 運転中に 23L が「開」になると、圧縮機は直ちに停止する。

(4) 63L は、非自動復帰形である。

(5) 63H は非自動復帰形なので、動作後にリセットする必要がある。

(6) CCH は、圧縮機の運転中に通電する。

【問題 2】冷凍装置の冷媒配管施工について、次の(1)～(3)の記述で、適切なものには○印、適切でないものには×印を解答用紙の解答欄に記入しなさい。

(1)　横走り管の途中がトラップとなるような吸込み配管の施工をしない。

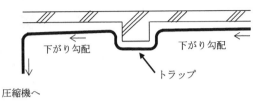

(2)　圧縮機の吸込み口の近くにトラップを設けない。

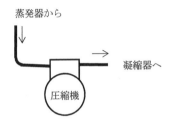

(3)　立ち上がり管の距離が 20m である吸込み配管には、中間トラップを設けない。

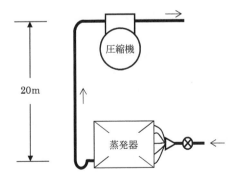

【問題3】 以下に示す空冷蒸気圧縮冷凍サイクルの図A〜Dは、調整弁についてそれぞれ代表的な使用例を示したものである。次の説明文における①〜⑧の(　)内に当てはまる最も適切な語句を語群から一つずつ選び、その記号を解答用紙の解答欄に記入しなさい。

ただし、同一記号を重複して使用しないこと。

図A
注：調整弁Aは弁入口圧力を制御する。

図B

図C
注：調整弁Cは弁出口圧力を制御する。

図D

説明文

・調整弁Aは、蒸発温度が異なる複数の蒸発器を持つ冷凍システムにおいて各蒸発器の(　①　)を制御する。この調整弁の名称は、(　②　)である。

・調整弁Bは、蒸発器の負荷変動と圧縮機の(　③　)を釣り合わせる。この調整弁の名称は、(　④　)である。

・調整弁Cは、圧縮機の(　⑤　)を設定値以下に保持することにより、冷却負荷が急激に増加した場合などに圧縮機における電動機の過負荷運転を防止する。この調整弁の名称は、(　⑥　)である。

・調整弁Dは、外気温度が低下した場合に(　⑦　)の異常低下を防ぐ。この調整弁の名称は、(　⑧　)である。

語群

記号	語句	記号	語句
イ	容量	ホ	凝縮圧力調整弁
ロ	凝縮圧力	ヘ	蒸発圧力調整弁
ハ	蒸発圧力	ト	吸入圧力調整弁
ニ	吸入圧力	チ	容量調整弁

【問題 4】フルオロカーボン非共沸混合冷媒 R410A の水冷チリングユニットの作業や、運転の不具合
現象に対する処置に関する次の設問(1)〜(4)について、最も適切なものをそれぞれイ〜ハか
ら一つ選び、その記号を解答用紙の解答欄に記入しなさい。

設問(1)　運転時に、低圧圧力スイッチが作動したので、以下の処置を採った。

　　　[処置]　イ　冷凍サイクル内に空気が混入したと考え、空気抜き(エアパージ)を行った。
　　　　　　　ロ　冷却水の流量が少ないと考え、流量を増やした。
　　　　　　　ハ　膨張弁のストレーナが詰まったと考え、分解して清掃した。

設問(2)　サイフォン管付きの冷媒容器における、初期運転時の冷媒の充填方法として、以下の作業
を行った。

　　　[作業]　イ　サイフォン管付きなので、冷媒容器を横倒しにして充填した。
　　　　　　　ロ　サイフォン管が容器の底部まであるので、冷媒容器を正立させて充填した。
　　　　　　　ハ　冷媒出口が液でなければならないので、冷媒容器を逆立ちにして充填した。

設問(3)　運転時に、高圧圧力スイッチが作動したので、以下の処置を採った。

　　　[処置]　イ　水冷コンデンサの伝熱管の汚れを清掃した。
　　　　　　　ロ　冷却水の流量が多すぎると考え、流量を減らした。
　　　　　　　ハ　冷水の流量が少ないと考え、流量を増やした。

設問(4)　低圧圧力が低くて冷媒不足であったので、漏れ箇所を修理した後、以下の処置を採った。

　　　[処置]　イ　不足している量を、新しい冷媒で充填補充した。
　　　　　　　ロ　機内の残りの冷媒を全て大気に放出し、新しい冷媒を充填した。
　　　　　　　ハ　機内の残りの冷媒を全て回収容器に回収し、新しい冷媒を充填した。

【問題5】 下図は、空調機コイルで冷房を行ったときに、顕熱冷却と潜熱除去が同時に行われる空気の
状態変化を、模式的に空気線図上においてA点からB点までに示したものである。
なお、送風量は、120m³/minとする。

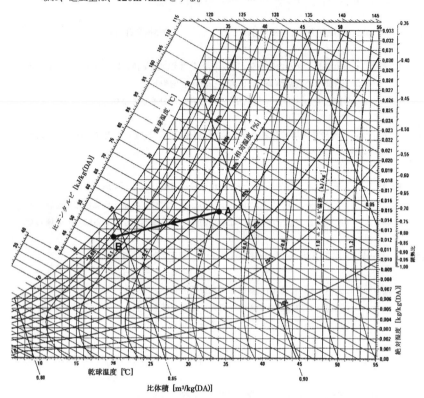

次式で、Vは送風量、⊿tは温度差、⊿xは絶対湿度差、⊿hはエンタルピ差とする。
　式①：Q1[kW]＝1.2[kg/m³]×V[m³/s]×⊿t[K]×1.0[kJ/(kg(DA)・K)]
　式②：Q2[kW]＝1.2[kg/m³]×V[m³/s]×⊿x[kg/kg(DA)]×2,502[kJ/kg]
　式③：Q3[kW]＝1.2[kg/m³]×V[m³/s]×⊿h[kJ/kg(DA)]

上記の条件において、次の(1)～(6)の記述で、正しいものには〇印、誤っているものには×印を解答用
紙の解答欄に記入しなさい。
　(1)　式①の1.0[kJ/(kg(DA)・K)]は、空気の比熱である。
　(2)　式②の2,502[kJ/kg]は、水の蒸発潜熱である。
　(3)　A→B間で行われた、顕熱冷却と潜熱除去の合計に相当する熱量を求める計算式は、式①である。
　(4)　A→B間で行われた、潜熱除去に相当する熱量を求める計算式は、式①である。
　(5)　A→B間で行われた、顕熱冷却に相当する熱量を求める計算式は、式①である。
　(6)　顕熱冷却と潜熱除去の合計熱量は、100[kW]程度である。

【問題6】 下記の理論冷凍サイクルの冷凍装置に関する設問(1)～(3)について、最も近い数値を語群から一つずつ選び、その記号を解答用紙の解答欄に記入しなさい。

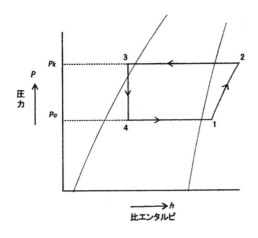

各部の比エンタルピ[kJ／kg]

$h_1 = 360.0$

$h_2 = 400.0$

$h_3 = h_4 = 240.0$

冷媒循環量　$q_{mr} = 0.8$[kg／s]

設問(1)　冷凍能力Φ_oに、最も近い数値[kW]はどれか。

設問(2)　凝縮器放熱量Φ_kに、最も近い数値[kW]はどれか。

設問(3)　理論冷凍成績係数$(COP)_{th.R}$に、最も近い数値はどれか。

語群

記号	数値
イ	3.0
ロ	4.5
ハ	50.0
ニ	96.0
ホ	110.0
ヘ	128.0

令和4年度 技能検定
1級冷凍空気調和機器施工（冷凍空気調和機器施工作業）
実技試験（製作等作業試験）問題

次の注意事項及び仕様に従って、施工図に示す冷凍空調設備の配管作業及び気密試験を行いなさい。

1 試験時間

標準時間　　　1時間30分
打切り時間　　2時間

2 注意事項

（1） 支給された材料の品名、数量等が「4　支給材料」のとおりであることを確認すること。
（2） 支給された材料に異常がある場合は、申し出ること。
（3） 試験開始後は、原則として、支給材料の再支給はしない。
（4） 使用工具等は、使用工具等一覧表で指定した以外のものは使用しないこと。
（5） 試験中は、工具等の貸し借りを禁止する。持参工具の予備を使用する場合は、技能検定委員の確認を受けること。
（6） 作業時の服装等は、作業に適したもの(長袖及び長ズボン)とし、作業帽又は保護帽を着用すること。
　　　なお、溶接作業時には、保護眼鏡(ガス溶接用遮光眼鏡)及び溶接用革手袋を使用すること。
　　　また、作業時の服装等が著しく不適切であり、受検者の安全管理上、重大なけが・事故につながる等試験を受けさせることが適切でないと技能検定委員が判断した場合、試験を中止(失格)とする場合がある。
（7） 作業は、緊急時に対応できる姿勢をとって行うこと。(あぐらをかく、床に尻をつけて座る等の姿勢をとらないこと。)
（8） 銅管溶接後の冷却は、直接バケツに入れず、濡らしたウエスで冷却すること。
（9） ガス溶接装置及び気密試験用設備を使用するときは、技能検定委員に申し出ること。
（10） 試験中は、他の用紙にメモをしたものや参考書等を参照することは禁止とする。
（11） 試験中は、携帯電話、スマートフォン、ウェアラブル端末等の使用(電卓機能の使用を含む。)を禁止とする。
（12） 標準時間を超えて作業を行った場合は、超過時間に応じて減点される。
（13） 作業が終了したら、技能検定委員に申し出ること。
（14） 試験当日は、労働安全衛生法第61条第1項に基づくガス溶接作業主任者免許証、ガス溶接技能講習修了証等の資格証を携帯すること。
　　　なお、携帯していない場合は、ガス溶接等の危険な作業があるため安全確保上の理由から、原則として受検できないので注意すること。
（15） 機器操作、工具・材料等の取扱いについて、そのまま継続すると機器・設備の破損やけがなどを招くおそれがあり危険であると技能検定委員が判断した場合、試験中にその旨を注意することがある。
　　　さらに、当該注意を受けてもなお、危険な行為を続けた場合、技能検定委員全員の判断により試験を中止し、かつ失格とする。ただし、緊急性を伴うと判断された場合は、注意を挟まず即中止(失格)とすることがある。

3 仕 様

(1) 施工図の寸法は、フレア継手のユニオンⒶ及びⒷの中心を結ぶ線を基準として記入してある。
(2) 寸法公差は、±3mmとする。
(3) 配管作業は、合板に基準線、固定金具の取付け位置及び管の中心線を示す平面図及び側面図を現寸で描いてから行うこと。ただし、継手、曲げ加工及び角材の部分の作図は、省略してもよい。
(4) フレア継手を取り付ける部分の管端には、フレア加工を行うこと。
(5) フレア加工の箇所の締付けには、テーパ面に冷凍機油を塗布しても差し支えない。
(6) 管の曲げ加工は、パイプベンダを使用して、曲げ半径45mm程度に行うこと。
(7) 固定金具は、加工しないで使用するものとし、製品をねじれのないように取り付けること。
(8) 気密試験は、次の方法により行うこと。
　　① 製品に加圧ホースを接続すること。このとき、ホースの接続箇所に漏れがないように留意すること。
　　② 製品を水槽に水平に浸けること。
　　③ 加圧は、一度に規定圧力とせず、最初に0.5MPaまで加圧する。圧力の低下のないことを確認してから1.5MPaまで昇圧し、再度圧力の低下のないことを確認してから4.0MPaまで昇圧し、バルブを閉めること。
　　④ 15秒間放置し、3.8MPa以上の圧力を維持しているか確認すること。
(9) 気密試験後は、増し締め、手直し等を行わないこと。
(10) 気密試験を終了した製品は、指定された場所に提出すること。

4 支給材料

品 名	寸 法 又 は 規 格	数量	備 考
① 銅 管 （りん脱酸銅継目無管）	JIS H 3300　C1201T-O又はC1220T-O 外径12.7mm　肉厚0.8mm　長さ1500mm	1	
② 銅 管 （りん脱酸銅継目無管）	JIS H 3300　C1201T-O又はC1220T-O 外径6.35mm　肉厚0.8mm　長さ300mm	1	
③ フレア継手(ナット付き)	12.7mm、真ちゅう製	3	冷媒R410A用
④ フレア継手(ナット付き)	6.35mm、真ちゅう製	1	窒素ガスボンベ接続用
⑤ 溶接用銅管継手(エルボ)	12.7mm	1	冷媒R410A用
⑥ 溶接用銅管継手(ティー)	12.7mm	1	冷媒R410A用
⑦ 溶接用銅管継手 　（径違いソケット）	12.7mm×6.35mm	1	冷媒R410A用
⑧ 固定金具	等辺山形鋼(アングル) L25mm×25mm×3mm　長さ250mm	2	孔加工済みのもの
⑨ サドルバンド		4	
⑩ 丸小ねじ(プラス)	JIS B 1101 M4　長さ14mm程度のもの	8	
⑪ ナット	JIS B 1181　M4	8	
⑫ 平座金	JIS B 1256　小形丸　M4	8	
⑬ 角材	40mm×40mm×250mm	1	
⑭ 溶接棒	りん銅ろう(JIS Z 3264　BCuP-3) φ1.6mm程度	1	
⑮ ループ加工用ジグ	硬質塩化ビニル管 外径38mm　長さ150mm	1	

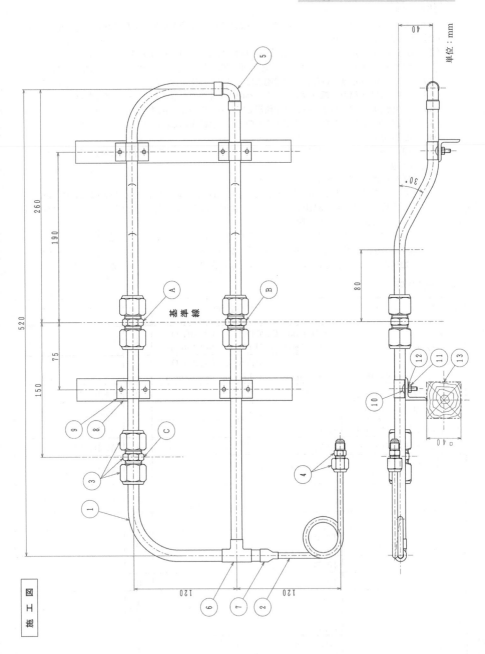

1級冷凍空気調和機器施工実技試験使用工具等一覧表

(1) 受検者が持参するもの

品 名	寸 法 又 は 規 格	数量	備 考
パイプベンダ	外径12.7mm(1/2インチ)の管の加工ができるもの	1組	電動式及び油圧式は不可 ラチェット式ベンダ(油圧式を除く)は可
フレアツール	冷媒R410A用	1	電動工具は不可
パイプカッタ		1	
リーマ		1	面取り用、スクレーパも可
モンキーレンチ	150mm〜350mm	適宜	スパナ、トルクレンチでも可
ドライバ(プラス)		1	サドルバンド取付け用 電動式は不可
組やすり		1組	
金属製直尺又は鋼製巻尺	1m程度	1	
曲尺(さしがね)		1	
三角定規		1組	
コンパス		1	
サンドペーパー		1	スチールウールでも可
ウエス		若干	
作業服等		一式	
作業帽又は保護帽		1	
保護眼鏡(ガス溶接用遮光眼鏡)		1	
溶接用革手袋		1	
一般作業用手袋		1	持参は任意とする。
筆記用具	鉛筆、消しゴム、サインペン等	一式	
資格証等	労働安全衛生法第61条第1項に基づくガス溶接作業主任者免許証、ガス溶接技能講習修了証等の資格証	1	

(注)使用工具等は、上記のものに限るが、同一種類のものを予備として持参することは差し支えない。

(2) 試験場に準備されているもの
(数量は、特にことわりがない場合は、受検者1名当たりの数量とする。)

品 名	寸 法 又 は 規 格	数 量	備 考
ガス溶接装置	溶解アセチレン及び酸素、バーナ(ドイツ式又はフランス式)、圧力調整器、ゴムホース等	3名当たり一式	溶接用ライター 冷却用バケツ}を含む。
気密試験用設備		15名程度当たり一式以上	
冷凍機油	冷媒R410A用	若干	スプレー式の場合も含む。
合板	910mm×910mm×3mm程度	1枚	

実技試験（計画立案等作業試験）について

1 試験実施日
令和5年1月29日（日）

2 試験時間
1時間30分

3 問題の概要
冷凍空気調和機器の機能、構造及び故障の発見等について行う。

4 持参用具

品　名	寸　法　又　は　規　格	数　量	備　考
筆　記　用　具	鉛筆、消しゴム等	一　式	
三　角　定　規		1　組	
電子式卓上計算機	電池式（太陽電池式含む。）	1	関数電卓不可

5 その他
試験中は、携帯電話、スマートフォン、ウェアラブル端末等の使用（電卓機能の使用を含む。）を禁止とする。

令和4年度 技能検定
1級冷凍空気調和機器施工（冷凍空気調和機器施工作業）
実技試験（計画立案等作業試験）問題

1 試験時間

1時間30分

2 注意事項

（1） 係員の指示があるまで、この表紙はあけないでください。

（2） 解答用紙に、受検番号及び氏名を必ず記入してください。

（3） 係員の指示に従って、この試験問題が表紙を含めて7ページであることを確認してください。
それらに異常がある場合は、黙って手を挙げてください。

（4） 試験開始の合図で始めてください。

（5） 解答は、解答用紙の解答欄に記入してください。
なお、要求している解答以外は記入しないでください。

（6） 解答用紙の※欄には、何も記入しないでください。

（7） 試験中は、携帯電話、スマートフォン、ウェアラブル端末等の使用(電卓機能の使用を含む。)
を禁止とします。

（8） 試験中、質問があるときは、黙って手を挙げてください。ただし、試験問題の内容、漢字の読
み方等に関する質問にはお答えできません。

（9） 試験終了時刻前に解答ができあがった場合は、黙って手を挙げて、係員の指示に従ってくださ
い。

（10） 試験中に手洗いに立ちたいときは、黙って手を挙げて、係員の指示に従ってください。

（11） 試験終了の合図があったら、筆記用具を置き、係員の指示に従ってください。

（12） 試験終了後、解答用紙を提出してください。

（13） 計算等は、問題用紙の余白又は裏面を使用して行ってください。

3 試験に使用できる用具等一覧

品　　　名	寸法又は規格	数量	備　　考
筆　記　用　具	鉛筆、消しゴム等	一　式	
三　角　定　規		1　組	
電子式卓上計算機	電池式(太陽電池式含む)	1	関数電卓不可

【問題1】 下図に示すシーケンス図について、次の(1)〜(6)の記述で、正しいものには○印、誤っているものには×印を解答用紙の解答欄に記入しなさい。

シーケンス図

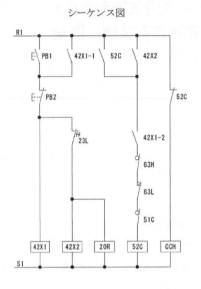

凡例

記号	機 器 名 称
PB1 PB2	押しボタンスイッチ
20R	冷媒電磁弁（通電時開）
23L	サーモスタット
42X1 42X2	補助継電器
51C	圧縮機用過電流継電器
52C	圧縮機用電磁接触器
63H	高圧圧力開閉器
63L	低圧圧力開閉器
CCH	クランクケースヒータ

設問(1)　低圧圧力開閉器 63L は、非自動復帰形である。

設問(2)　補助継電器 42X1-1 のメーク接点は自己保持用である。

設問(3)　運転中サーモスタット 23L が「開」になると、ポンプダウン後に圧縮機は停止する。

設問(4)　運転中に冷凍サイクルの高圧が上昇し圧縮機が停止したが、高圧圧力開閉器 63H の設定値以下まで下がれば自動的に運転する。

設問(5)　圧縮機が運転中は、クランクケースヒータ CCH に通電される。

設問(6)　運転中に押しボタンスイッチ PB2 を押すと、圧縮機は直ちに停止する。

【問題2】 空調配管に関する設問(1)～(3)に答えなさい。

設問(1)　次の計算式を使って冷水量を算定し、鋼管の流量線図から最も適切な配管サイズを語群から一つ選び、その記号を解答用紙の解答欄に記入しなさい。なお、流量線図を用いて配管サイズを選定する時の摩擦抵抗は 0.3[kPa/m]とする。

$$q=\frac{Q \times 60}{\Delta t \times Cp \times \rho}$$

計算条件

  q：冷水の流量[ℓ/min]

  Q：冷却量・加熱量[kW]＝20.9

  Δt：冷水温水の温度差[K]＝5

  Cp：水の比熱[kJ/(kg・K)]＝4.186

  ρ：水の密度[kg/ℓ]＝1.00

語群

記号	管サイズ
イ	32A
ロ	40A
ハ	50A
ニ	65A

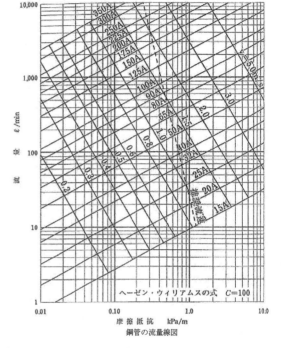

鋼管の流量線図

設問(2)　100A の鋼管 50m に 700[ℓ/min]の水を流した時の直管部の摩擦損失について、最も近い数値[kPa]を語群から一つ選び、その記号を解答用紙の解答欄に記入しなさい。

なお、計算に使用する配管の摩擦抵抗[kPa/m]は、設問(1)鋼管の流量線図を使用すること。

語群

記号	摩擦損失[kPa]
イ	10
ロ	15
ハ	20
ニ	25

設問(3)　ゲート弁の局部の圧力損失として、下記条件の場合、最も近い数値[Pa]を語群から一つ選び、その記号を解答用紙の解答欄に記入しなさい。

局部の圧力損失[Pa]＝動圧[Pa]×局部抵抗係数

動圧[Pa]＝$\rho \times \frac{1}{2} \times v^2$

管内流速 v[m/s]＝1.2

流体の密度 ρ[kg/m³]＝1000

局部抵抗係数：ゲート弁＝0.27

語群

記号	圧力損失[Pa]
イ	162
ロ	194
ハ	324
ニ	389

【問題3】 下図は、単段蒸気圧縮冷凍サイクルの概念図とその *p-h 線図*を重ね合わせた図であり、冷凍サイクル内で生じる冷媒の圧力降下や、配管や冷凍機などへの熱の出入りを省略した理想的状態変化を示す。各設問の（　）内に当てはまる最も適切な語句を語群の中から選び、その記号を解答欄に記入しなさい。

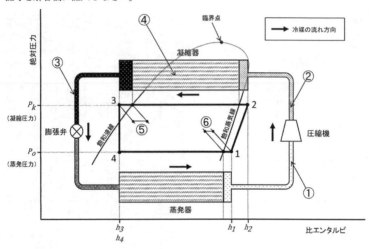

設問 (1) ①の冷媒の状態は（ A ）である。

設問 (2) ②の冷媒の状態は（ B ）である。

設問 (3) ③の冷媒の状態は（ C ）である。

設問 (4) ④の冷媒の状態は（ D ）である。

設問 (5) ⑤の冷媒温度差を（ E ）という。

設問 (6) ⑥の冷媒温度差を（ F ）という。

設問 (7) 比エンタルピ h_1 と h_4 の差を（ G ）という。

設問 (8) 膨張弁を通過した冷媒の圧力は（ H ）。

【語群】

記号	語句	記号	語句	記号	語句
ア	低温低圧蒸気	オ	冷凍効果	ケ	過熱度
イ	低温低圧液	カ	冷凍能力	コ	湿り蒸気
ウ	高温高圧蒸気	キ	過冷却度	サ	下がる
エ	高温高圧液	ク	乾き度	シ	上がる

【問題 4】フルオロカーボン非共沸混合冷媒 R410A の空冷ヒートポンプ式チリングユニットの作業や、運転の不具合現象の原因又は処置に関する次の設問(1)〜(4)について、最も適切なものをそれぞれイ〜ハから一つ選び、その記号を解答用紙の解答欄に記入しなさい。

設問(1)　整備時に冷媒を過充填したため、高圧圧力が高すぎた。

　　　　［処置］　イ　受液器ガス部分から過充填分を回収容器に回収し、初期冷媒量にした。

　　　　　　　　　ロ　高圧圧力が高いとは言え、耐圧試験圧力以下なのでそのまま運転続行した。

　　　　　　　　　ハ　一旦、回収容器に全量を回収し、新たに初期冷媒量を液充填した。

設問(2)　運転時に、高圧圧力が高かった。

　　　　［原因］　イ　圧縮機をオーバーホールした後の冷媒の充填量が不足していた。

　　　　　　　　　ロ　圧縮機をオーバーホールした際に、空気がユニット内に残った。

　　　　　　　　　ハ　蒸発器の伝熱管が汚れていた。

設問(3)　冷水運転時の運転状態として、この１か月ほど徐々に低圧圧力が下がってきた。

　　　　［処置］　イ　冷媒が漏れていると考え、漏れ箇所のチェックをした。

　　　　　　　　　ロ　冷水が凍結を起こしたと考え、圧縮機を止め、水ポンプだけ運転した。

　　　　　　　　　ハ　負荷となる冷水量が標準より多いと考え、冷水量を絞った。

設問(4)　圧縮機の油面計の油面高さが下がってきた。

　　　　［原因］　イ　冷凍負荷の急激な変化で、液戻りが生じた。

　　　　　　　　　ロ　連続運転中に、クランクケースヒータの電源が切れていた。

　　　　　　　　　ハ　25%の低負荷運転時の油戻りが悪い。

【問題5】 下図は、空調機のコイルで冷房を行ったときに、顕熱冷却と潜熱除去が同時に行われる空気の状態変化を模式的に、空気線図上において C 点から D 点までに示したものである。

<条件>
送風量： 180[m³/min]、空気の密度： 1.2[kg/m³]、空気の比熱： 1.0[kJ/(kg(DA)・K)]、水の蒸発潜熱： 2502[kJ/kg]とし、下図の各点の状態を次表に示す。

		乾球温度 ℃	比エンタルピ kJ/kg(DA)	絶対湿度 kg/kg(DA)
A 点	外気	35.0	100.0	0.0253
B 点	還気	26.0	55.6	0.0120
C 点	混合点(冷却コイル入口)	29.0	70.4	0.0164
D 点	冷却コイル出口	15.0	41.0	0.0100

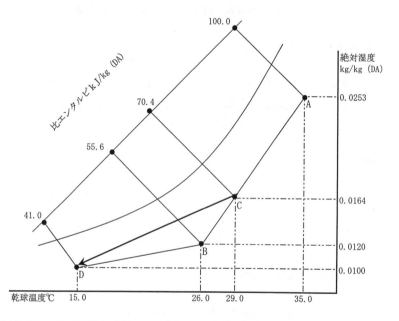

上記の条件に従い、次の設問(1)～(3)について答え、その記号を解答用紙の解答欄に記入しなさい。

設問(1)　送風量、外気量、還気量の組合せで、最も近い数値を選択肢表1から選びなさい。

設問(2)　送風量に対する顕熱冷却と潜熱除去の合計に相当する熱量を求め、最も近い数値を選択肢表2から選びなさい。

設問(3)　送風量に対する除湿量を求め、最も近い数値を選択肢表3から選びなさい。

設問(1) 選択肢表1

記号	送風量 m³/min	外気量 m³/min	還気量 m³/min
イ	180.0	80.0	100.0
ロ	180.0	70.0	110.0
ハ	180.0	60.0	120.0

設問(2) 選択肢表2

記号	顕熱冷却と潜熱除去の合計熱量 kW
イ	212
ロ	160
ハ	106

設問(3) 選択肢表3

記号	除湿量 kg/h
イ	172
ロ	115
ハ	83

【問題6】下記の理論冷凍サイクルの二段圧縮一段膨張冷凍装置における次の設問(1)〜(3)について、
最も近い数値を語群から一つずつ選び、その記号を解答用紙の解答欄に記入しなさい。

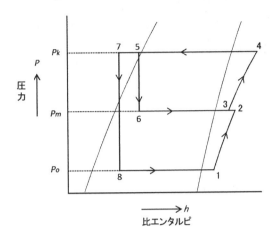

各部の比エンタルピ値 [kJ/kg]

$h_1 = 350.0$

$h_2 = 392.5$

$h_3 = 365.0$

$h_4 = 400.0$

$h_5 = h_6 = 250.0$

$h_7 = h_8 = 220.0$

低段冷凍能力 Φ_0 = 104.0 [kW]
中段冷媒循環量 q'_{mro} = 0.4 [kg/s]

設問(1) 低段冷媒循環量 q_{mro} に最も近い数値 [kg/s] はどれか。

設問(2) 中段冷却能力 Φ_m に最も近い数値 [kW] はどれか。

設問(3) 高段冷媒循環量を q_{mrk} に最も近い数値 [kg/s] はどれか。

語群

記号	数値
イ	0.8
ロ	1.0
ハ	1.2
ニ	30.0
ホ	46.0
ヘ	76.0

令和3年度 技能検定
1級冷凍空気調和機器施工（冷凍空気調和機器施工作業）
実技試験（計画立案等作業試験）問題

1 試験時間

1時間30分

2 注意事項

（1） 係員の指示があるまで、この表紙はあけないでください。

（2） 解答用紙に、受検番号及び氏名を必ず記入してください。

（3） 係員の指示に従って、この試験問題が表紙を含めて7ページであることを確認してください。
それらに異常がある場合は、黙って手を挙げてください。

（4） 試験開始の合図で始めてください。

（5） 解答は、解答用紙の解答欄に記入してください。
なお、要求している解答以外は記入しないでください。

（6） 解答用紙の※欄には、何も記入しないでください。

（7） 試験中は、携帯電話、スマートフォン、ウェアラブル端末等の使用(電卓機能の使用を含む。)
を禁止とします。

（8） 試験中、質問があるときは、黙って手を挙げてください。ただし、試験問題の内容、漢字の読
み方等に関する質問にはお答えできません。

（9） 試験終了時刻前に解答ができあがった場合は、黙って手を挙げて、係員の指示に従ってくださ
い。

（10） 試験中に手洗いに立ちたいときは、黙って手を挙げて、係員の指示に従ってください。

（11） 試験終了の合図があったら、筆記用具を置き、係員の指示に従ってください。

（12） 試験終了後、解答用紙を提出してください。

（13） 計算等は、問題用紙の余白又は裏面を使用して行ってください。

3 試験に使用できる用具等一覧

品　　名	寸 法 又 は 規 格	数 量	備　　考
筆 記 用 具	鉛筆、消しゴム等	一 式	
三 角 定 規		1 組	
電子式卓上計算機	電池式(太陽電池式含む)	1	関数電卓不可

【問題1】下図に示す冷凍機のシーケンス図について、次の(1)～(6)の記述で、正しいものには○
印、誤っているものには×印を解答用紙の解答欄に記入しなさい。

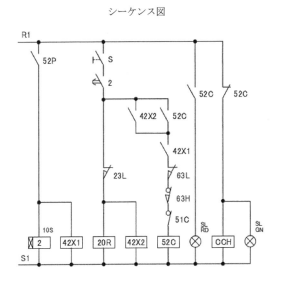

シーケンス図

記号	機 器 名 称
2	タイマ
42X1 42X2	補助継電器
S	手動スイッチ
20R	冷媒液電磁弁(通電時開)
23L	サーモスタット
63L	低圧圧力開閉器
63H	高圧圧力開閉器
51C	圧縮機用過電流継電器
52P	ポンプ用電磁接触器
52C	圧縮機用電磁接触器
SLRD SLGN	表示灯
CCH	クランクケースヒータ

凡例

(1) 冷凍機が運転中で、手動スイッチが"開"になれば直ちに圧縮機が停止する。

(2) 圧縮機が運転中、サーモスタットが"開"になると、圧縮機はポンプダウン後に停止する。

(3) クランクケースヒータは圧縮機が停止中に通電される。

(4) 圧縮機が運転中に、"低圧圧力開閉器"の接点が"開"になると圧縮機が直ちに停止する。

(5) 63Hは自動復帰形なので、圧力が設定値以下になると圧縮機が運転再開する。

(6) 圧縮機が運転中に表示灯（SLGN）が点灯する。

【問題 2】 非フッ素系冷媒に関する次の設問(1)〜(3)に答えなさい。

設問(1)　H_2O 冷媒の記号について適切なものを語群から一つ選び、その記号を解答用紙の解答欄に記入しなさい。

語群

記号	冷媒の記号
イ	R290
ロ	R717
ハ	R718
ニ	R744

設問(2)　NH_3 冷媒の毒性・燃焼性について適切なものを語群から一つ選び、その記号を解答用紙の解答欄に記入しなさい。

語群

記号	毒　性	燃焼性
イ	弱	不燃
ロ	弱	微燃
ハ	強	不燃
ニ	強	微燃

設問(3)　CO_2 冷媒の ODP、GWP について適切なものを語群から一つ選び、その記号を解答用紙の解答欄に記入しなさい。

語群

記号	ODP オゾン破壊係数 R11 比	GWP 地球温暖化係数 CO_2 比
イ	0	3
ロ	0	1
ハ	1	0
ニ	1	1

【問題3】冷凍機油の特性について、以下の（ア）～（ク）の記述のうち、正しいものには〇を、誤っているものには×を、解答用紙の解答欄に記入しなさい。

（ア）　水分・酸分を含まないこと。

（イ）　泡立ちが多いこと。

（ウ）　凝固点が低く、低温で流動性があること。

（エ）　フルオロカーボン冷媒との相溶性に優れること。

（オ）　冷媒の温度変化による粘度の変化が大きいこと。

（カ）　密閉圧縮機に使用する場合には、電気絶縁性がよいこと。

（キ）　低温でワックスを析出すること。

（ク）　乳化しやすいこと。

【問題 4】 フルオロカーボン非共沸混合冷媒 R410A の空冷ヒートポンプ式チリングユニットの作業や、運転の不具合現象の原因又は処置に関する次の設問(1)〜(4)について、最も適切なものをそれぞれイ〜ハから一つ選び、その記号を解答用紙の解答欄に記入しなさい。

設問(1)　圧縮機の起動時に、油面にオイルフォーミング現象が起きた。

　　　　［処置］　イ　冷凍機油を追加チャージした。
　　　　　　　　　ロ　運転休止中にクランクケースヒータが作動するようにした。
　　　　　　　　　ハ　運転休止中にクランクケースヒータが作動しないようにした。

設問(2)　明らかに冷媒漏れによる冷媒不足があったので、漏れ箇所を修理した後、以下の処置を採った。

　　　　［処置］　イ　初期充填量になるように追加充填した。
　　　　　　　　　ロ　装置内の冷媒をすべて大気に放出し、新たに初期充填量を充填した。
　　　　　　　　　ハ　装置内の冷媒をすべて回収容器に回収し、新たに初期充填量を充填した。

設問(3)　冷水運転時の運転状態として、この1か月ほど徐々に低圧圧力が下がってきた。

　　　　［処置］　イ　冷媒が漏れていると考え、漏れ箇所のチェックをした。
　　　　　　　　　ロ　冷水が凍結を起こしたと考え、圧縮機を止め、水ポンプだけ運転した。
　　　　　　　　　ハ　負荷となる冷水量が標準より多いと考え、冷水量を絞った。

設問(4)　圧縮機が停止し、しばらくすると(約10分程度)、何も操作しないのに再び起動した。

　　　　［原因］　イ　負荷が低下し、低圧圧力スイッチが働き停止し、その後低圧圧力上昇した。
　　　　　　　　　ロ　圧縮機の油面が低下しており、油圧スイッチが働いた。
　　　　　　　　　ハ　高圧圧力スイッチ(リセット付)が働き停止した。

【問題5】下図は、空調機コイルで冷房を行ったときに、顕熱冷却と潜熱除去が同時に行われる空気の状態変化を、模式的に空気線図上において C 点から D 点までに示したものである。

＜条件＞

送風量：180 [m³/min]、外気量：60 [m³/min]、還気量：120 [m³/min]、空気の密度：1.2[kg/m³]、空気の比熱：1.0 [kJ/(kg(DA)・K)]、水の蒸発潜熱：2,502 [kJ/kg]とし、下図の各点の状態を次表に示す。

		乾球温度 ℃	比エンタルピ kJ/kg(DA)	絶対湿度 kg/kg(DA)
A 点	外気	35.0	100.0	0.0253
B 点	還気	26.0	55.6	0.0120
C 点	混合点(冷却コイル入口)	X	Y	Z
D 点	冷却コイル出口	15.0	41.0	0.0100

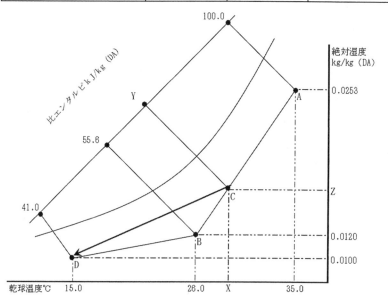

上記の条件に従い、次の設問(1)～(3)について答え、その記号を解答用紙の解答欄に記入しなさい。

設問(1)　C 点の乾球温度 X、比エンタルピ Y、絶対湿度 Z の組合せで、最も近い数値を選択肢表 1 から選びなさい。

設問(2)　C→D 間で行われた顕熱冷却と潜熱除去の合計に相当する熱量を求め、最も近い数値を選択肢表 2 から選びなさい。

設問(3)　C→D 間の除湿量を求め、最も近い数値を選択肢表 3 から選びなさい。

設問(1) 選択肢表 1

記号	乾球温度 ℃ X	比エンタルピ kJ/kg(DA) Y	絶対湿度 kg/kg(DA) Z
イ	32.0	85.2	0.0209
ロ	31.1	81.0	0.0198
ハ	29.0	70.4	0.0164

設問(2) 選択肢表 2

記号	顕熱冷却と潜熱除去の合計熱量 kW
イ	159.1
ロ	143.9
ハ	105.8

設問(3) 選択肢表 3

記号	除湿量 kg/h
イ	257.9
ロ	124.4
ハ	82.9

【問題 6】 下記の理論冷凍サイクルの二段圧縮一段膨張冷凍装置に関する次の設問(1)～(3)について、最も近い数値を数値群から一つずつ選び、その記号を解答用紙の解答欄に記入しなさい。

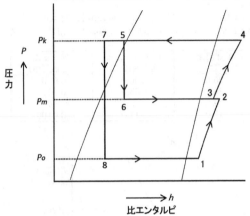

各部の比エンタルピ値 [kJ/kg]

$h_1 = 350.0$

$h_2 = 392.5$

$h_3 = 365.0$

$h_4 = 400.0$

$h_5 = h_6 = 250.0$

$h_7 = h_8 = 220.0$

低段冷媒循環量 $q_{mro} = 1.0$ [kg/s]

中段冷媒循環量 $q'_{mro} = 0.5$ [kg/s]

設問(1)　低段冷凍能力 Φ_o に、最も近い数値[kW]はどれか。

設問(2)　中段冷却能力 Φ_m に、最も近い数値[kW]はどれか。

設問(3)　高段凝縮能力 Φ_k に、最も近い数値[kW]はどれか。

数値群

記号	数値
イ	225.0
ロ	180.0
ハ	130.0
ニ	76.0
ホ	57.5
ヘ	46.0

令和2年度 技能検定
1級冷凍空気調和機器施工（冷凍空気調和機器施工作業）
実技試験（計画立案等作業試験）問題

1 試験時間

1時間30分

2 注意事項

(1) 係員の指示があるまで、この表紙はあけないでください。

(2) 解答用紙に、受検番号及び氏名を必ず記入してください。

(3) 係員の指示に従って、この試験問題が表紙を含めて7ページであることを確認してください。
それらに異常がある場合は、黙って手を挙げてください。

(4) 試験開始の合図で始めてください。

(5) 解答は、解答用紙の解答欄に記入してください。
なお、要求している解答以外は記入しないでください。

(6) 解答用紙の※欄には、何も記入しないでください。

(7) 試験中は、携帯電話、スマートフォン、ウェアラブル端末等の使用(電卓機能の使用を含む。)
を禁止とします。

(8) 試験中、質問があるときは、黙って手を挙げてください。ただし、試験問題の内容、漢字の読
み方等に関する質問にはお答えできません。

(9) 試験終了時刻前に解答ができあがった場合は、黙って手を挙げて、係員の指示に従ってくださ
い。

(10) 試験中に手洗いに立ちたいときは、黙って手を挙げて、係員の指示に従ってください。

(11) 試験終了の合図があったら、筆記用具を置き、係員の指示に従ってください。

(12) 試験終了後、解答用紙を提出してください。

(13) 計算等は、問題用紙の余白又は裏面を使用して行ってください。

3 試験に使用できる用具等一覧

品　　名	寸法又は規格	数量	備　　考
筆 記 用 具	鉛筆、消しゴム等	一 式	
三 角 定 規		1 組	
電子式卓上計算機	電池式(太陽電池式含む)	1	関数電卓不可

【問題1】 下図に示す回路について、次の(1)～(6)の記述で、正しいものには○印、誤っているものには×印を解答用紙の解答欄に記入しなさい。

回路図

凡例

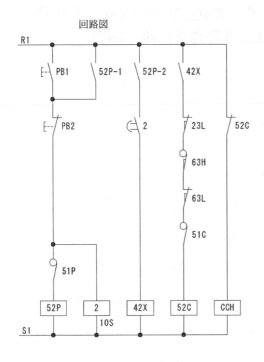

記号	機 器 名 称
PB1	押しボタンスイッチ
PB2	押しボタンスイッチ
2	タイマー(限時継電器)
23L	サーモスタット
42X	補助継電器
51C	圧縮機用過電流継電器
51P	ポンプ用過電流継電器
52C	圧縮機用電磁接触器
52P	ポンプ用電磁接触器
63H	高圧圧力開閉器
63L	低圧圧力開閉器
CCH	クランクケースヒータ

(1) PB1 を押すと、10 秒後に圧縮機が運転する。

(2) 運転中に PB2 を押すと、ポンプダウン後に圧縮機が停止する。

(3) 52P のメーク接点 52P－1 は、自己保持用である。

(4) 42X のメーク接点は、インターロック用である。

(5) 63H は自動復帰形なので、圧力が設定値以下になると、圧縮機は運転を再開する。

(6) CCH は、圧縮機の運転中に通電する。

【問題 2】 下記は、空調配管の温度差による伸縮について記述したものである。次の設問(1)〜(3)に
答えなさい。

なお、各種配管材料の線膨張係数は、以下のとおりとする。

配管材料の線膨張係数　[1／K]
(温度範囲 0〜100℃)

配管材料	線膨張係数
炭　素　鋼	$11.5×10^{-6}$
鋳　　鉄	$10.4×10^{-6}$
銅	$16.6×10^{-6}$
ステンレス鋼	$16.7×10^{-6}$
アルミニウム	$24.0×10^{-6}$

設問(1)　次の条件における炭素鋼鋼管の温度変化による伸縮量を計算し、最も適切な数値[m]を語
群から一つ選び、その記号を解答用紙の解答欄に記入しなさい。

条件：直管部の最初の長さ 100m、管の最初の温度 10℃、管の加熱後の温度 60℃とする。
温度による管の伸縮量 ΔL[m]は、次式により求める。

$$\Delta L = \alpha L (t_2 - t_1)$$

ここに、

α ：配管材料の線膨張係数[1／K]

L ：温度 t_1 のときの管長[m]

t_1：管の最初の温度[℃]

t_2：管の加熱後又は冷却後の温度[℃]

語群

記号	数値
イ	0.83
ロ	0.575
ハ	0.083
ニ	0.0575

設問(2)　次の語群に示すもののうち、温度変化による伸縮量が最も大きいものを語群から一つ選
び、その記号を解答用紙の解答欄に記入しなさい。

語群

記号	配管材料
イ	炭素鋼
ロ	鋳鉄
ハ	銅
ニ	アルミニウム

設問(3)　伸縮継手に関する記述として適切でないものを語群から一つ選び、その記号を解答用紙
の解答欄に記入しなさい。

語群

記号	記述
イ	伸縮継手には、ベローズ型やスリーブ型等がある。
ロ	配管の伸縮を伸縮継手に適切に吸収させるため、伸縮継手で連結した配管は、片側のみを固定する。
ハ	配管には、座屈防止のため、振れ止め(ガイド)を設ける。
ニ	ベローズ型伸縮継手は、管の軸方向の変位を吸収するものである。

【問題3】 下図は、凝縮圧力調整弁の代表的な使用例を示した空冷蒸気圧縮冷凍サイクルである。
　　　　 凝縮圧力調整弁に関する次の説明文における①～④の（　）内に当てはまる最も適切な語句を
　　　　 語群から一つずつ選び、その記号を解答用紙の解答欄に記入しなさい。
　　　　 ただし、同一記号を重複して使用しないこと。

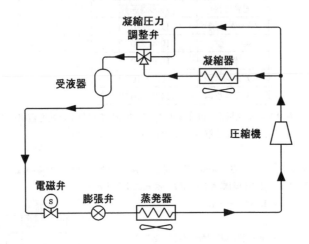

説明文

凝縮器を通過する空気の温度が（①）なり、凝縮圧力が調整弁の設定値以下になると、凝縮
器からの冷媒を通す弁が閉じ始める。

調整弁が絞られることで凝縮器内に（②）が溜まり、凝縮器の（③）の有効な部分が小さくなる
ので、凝縮器を通過する空気に放出する熱量に比して（④）が少ない状態になり、凝縮圧力は
上昇する。

この機能により、凝縮圧力は設定値以下に下がらず一定に保持されることで、冷凍サイクルの
運転は正常に保たれる。

語群

記号	語句	記号	語句
イ	凝縮能力	ヘ	伝熱面積
ロ	蒸発能力	ト	高く
ハ	過熱ガス	チ	低く
ニ	冷媒液	リ	蒸発温度
ホ	冷凍効果	ヌ	吸入圧力

【問題 4】 フルオロカーボン非共沸混合冷媒 R410A の空冷ヒートポンプチリングユニットの作業や、
運転の不具合現象の原因又は処置の方法に関する次の設問(1)〜(4)について、最も適切なも
のをそれぞれイ〜ハから一つ選び、その記号を解答用紙の解答欄に記入しなさい。

設問(1)　サイフォン管無しの冷媒容器における、初期運転時の冷媒の充填方法として、以下の作業
を行った。

　　　　　［作業］　イ　冷媒容器を横倒しにして充填した。
　　　　　　　　　　ロ　冷媒容器を正立させて充填した。
　　　　　　　　　　ハ　冷媒容器を逆立ちにして充填した。

設問(2)　圧縮機の油面計の油面高さが下がってきた。

　　　　　［原因］　イ　冷凍負荷の急激な変化で、液戻りが生じた。
　　　　　　　　　　ロ　連続運転中に、クランクケースヒータの電源が切れていた。
　　　　　　　　　　ハ　25%の低負荷運転時の液戻りが悪い。

設問(3)　運転時に、高圧圧力が高かった。

　　　　　［原因］　イ　圧縮機をオーバーホールした後の冷媒の充填量が不足していた。
　　　　　　　　　　ロ　圧縮機をオーバーホールした際に、空気がユニット内に残った。
　　　　　　　　　　ハ　蒸発器の伝熱管が汚れていた。

設問(4)　明らかに冷媒漏れによる冷媒不足があったので、漏れ箇所を修理した後、以下の処置を採
った。

　　　　　［処置］　イ　初期充填量になるように追加充填した。
　　　　　　　　　　ロ　機内の残りの冷媒を全て大気に放出し、新たに初期充填量を充填した。
　　　　　　　　　　ハ　機内の残りの冷媒を全て回収容器に回収し、新たに初期充填量を充填した。

【問題5】 下図は、空調機コイルで冷房を行ったときに、顕熱冷却と潜熱除去が同時に行われる空気の状態変化を、模式的に空気線図上においてC点からD点までに示したものである。

<条件>

送風量：180 m³/min、空気の密度：1.2 kg/m³、空気の比熱：1.0 kJ/(kg(DA)·K)、
水の蒸発潜熱：2,502kJ/kg とし、下図の各点の状態を次表に示す。

	乾球温度 ℃	比エンタルピ kJ/kg(DA)	絶対湿度 kg/kg(DA)
A点　外気	35	90	0.0220
B点　還気	27	58.5	0.0123
C点　混合点(冷却コイル入口)	31	74	0.0165
D点　冷却コイル出口	15	41	0.0100

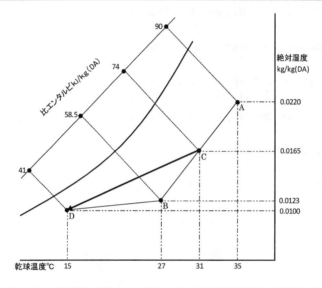

上記の条件に従い、次の設問(1)～(3)について答え、その記号を解答用紙の解答欄に記入しなさい。

設問(1)　C→D間で行われた顕熱冷却と潜熱除去の合計に相当する熱量を求め、最も近い数値を選択肢表1から選びなさい。

設問(2)　C→D間で行われた潜熱除去に相当する熱量を求め、最も近い数値を選択肢表2から選びなさい。

設問(3)　C→D間の除湿量を求め、最も近い数値を選択肢表3から選びなさい。

設問(1)　選択肢表1

記号	顕熱冷却と潜熱除去の合計熱量 kW
イ	99
ロ	109
ハ	119
ニ	129
ホ	139

設問(2)　選択肢表2

記号	潜熱除去熱量 kW
イ	39
ロ	49
ハ	59
ニ	69
ホ	79

設問(3)　選択肢表3

記号	除湿量 kg/h
イ	64
ロ	74
ハ	84
ニ	94
ホ	104

【問題 6】下記の理論冷凍サイクルの二段圧縮一段膨張冷凍装置に関する次の設問(1)～(3)について、最も近い数値を語群から一つずつ選び、その記号を解答用紙の解答欄に記入しなさい。

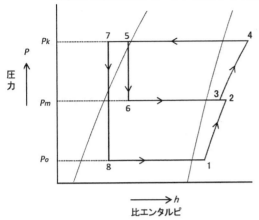

各部の比エンタルピ [kJ／kg]

$h_1 = 350.0$

$h_2 = 392.5$

$h_3 = 365.0$

$h_4 = 400.0$

$h_5 = h_6 = 250.0$

$h_7 = h_8 = 220.0$

低段冷媒循環量 $q_{mro} = 0.8$ [kg／s]

中段冷媒循環量 $q'_{mro} = 0.4$ [kg／s]

設問(1)　低段冷凍能力 Φ_o に、最も近い数値[kW]はどれか。

設問(2)　中段冷却能力 Φ_m に、最も近い数値[kW]はどれか。

設問(3)　高段凝縮能力 Φ_k に、最も近い数値[kW]はどれか。

語群

記号	数値
イ	200.0
ロ	180.0
ハ	104.0
ニ	76.0
ホ	46.0
ヘ	32.0

冷凍空気調和機器施工

学科試験問題

令和4年度 技能検定
2級 冷凍空気調和機器施工 学科試験問題
（冷凍空気調和機器施工作業）

1. 試験時間　1時間40分
2. 問題数　50題(A群25題、B群25題)
3. 注意事項
   （1）　係員の指示があるまで、この表紙はあけないでください。
   （2）　答案用紙(真偽法と多肢択一法の併用)に検定職種名、作業名、級別、受検番号、氏名を必ず記入してください。
   （3）　係員の指示に従って、問題数を確かめてください。それらに異常がある場合は、黙って手を挙げてください。問題はA群(真偽法)とB群(多肢択一法)とに分かれています。
   （4）　試験開始の合図で始めてください。
   （5）　解答の方法(真偽法と多肢択一法の併用)は次のとおりです。
   　　　イ．　A群の問題(真偽法)は、一つ一つの問題の内容が正しいか、誤っているかを判断して解答してください。
   　　　ロ．　B群の問題(多肢択一法)は、正解と思うものを一つだけ選んで、解答してください。二つ以上に解答した場合は誤答となります。
   　　　ハ．　答案用紙(マークシート用紙)へ解答する際は、答案用紙に記載されている注意事項に従ってください。
   　　　ニ．　答案用紙の解答欄は、A群の問題とB群の問題とでは異なります。所定の解答欄に、試験問題の題数に応じて解答してください。解答欄はA群は50題まで、B群は25題まで解答できるようになっています。
   （6）　電子式卓上計算機その他これと同等の機能を有するものは、使用してはいけません。
   （7）　携帯電話、スマートフォン、ウェアラブル端末等は、使用してはいけません。
   （8）　試験中、質問があるときは、黙って手を挙げてください。ただし、試験問題の内容、漢字の読み方等に関する質問にはお答えできません。
   （9）　試験終了時刻前に解答ができあがった場合は、黙って手を挙げて、係員の指示に従ってください。
   （10）　試験中に手洗いに立ちたいときは、黙って手を挙げて、係員の指示に従ってください。
   （11）　試験終了の合図があったら、筆記用具を置き、係員の指示に従ってください。

［A群（真偽法）］

1 絶対湿度が同じであれば、乾球温度が変化しても相対湿度は変わらない。

2 空冷凝縮器は、主として、大気の顕熱により冷媒を冷却する。

3 クロスフローファンは、遠心ファンに比べて、運転時の静圧が高い。

4 施工図には、機器、配管、ダクトなどの施工上の納まり、他工事との取合いなどを詳細に表現する必要がある。

5 三相200Vのパッケージエアコンのコンクリート床への据付けには、D種接地工事は不要である。

6 空気抜き弁は、温度変化による配管の軸方向の伸縮を吸収するために使用される。

7 直線状の円形ダクトにおいて、管内の圧力損失は、管内の流速に反比例する。

8 日本産業規格(JIS)によれば、平均温度70℃におけるグラスウール保温材の熱伝導率は、0.042W／(m・K)以下と規定されている。

9 トルクレンチは、ナット類を一定のトルクで締め付けることができる工具である。

10 鉄筋コンクリート造は、コンクリートの圧縮強度と鉄筋の引張り強度の優れた特徴を活かした構造である。

11 ファンコイルユニットの除湿を伴う冷房能力は、ユニットの空気の出入口乾球温度差を測定すれば算定できる。

12 圧縮機のピストンにピストンリングとオイルリングを組み付ける場合は、各リングの合わせ目が重なるようにする。

13 ガスチャージ方式の膨張弁は、弁本体の温度が感温筒の温度よりも低くなる場所に設置してはならない。

14 圧縮機の停止中は、クランクケースヒーターで冷凍機油の温度を上げて、冷媒が冷凍機油によく溶解するようにする。

15 冷凍サイクル内の不凝縮ガスは、蒸発器にたまりやすい。

16 乾式蒸発器内の冷媒量は、運転中の負荷が変化しても変動することはない。

17 渦巻きポンプの吐出し管には、一般に、ポンプ側から逆止弁と仕切弁の順で取り付ける。

18 自然冷媒R717(アンモニア)は、HFC冷媒R410Aよりも地球温暖化係数(GWP)が大きい。

19 ポリスチレンフォーム保温材は、120℃の蒸気管の保温材として適している。

20 電気回路を流れる電流は、抵抗に比例し、電圧に反比例する。

21 電気器具の接地(アース)は、湿気の多い地面に行ってはならない。

22 日本産業規格(JIS)の冷凍用図記号によれば、下図は、水の配管であることを示している。

———————— W ————————

23 日本産業規格(JIS)の材料規格によれば、SUS304TPDは、通常の給水、給湯、排水、冷温水、消火用水などの配管用に使用される一般配管用ステンレス鋼鋼管を表す。

24 保冷車に使用する冷凍装置は、高圧ガス保安法の適用を受けない。

25 労働安全衛生法関係法令によれば、移動はしごの幅は、30cm以上とすることと規定されている。

［B群（多肢択一法）］

1 冷凍サイクルにおける冷凍効果に関する記述として、適切なものはどれか。
　　イ　冷媒1kgが保有するエネルギーの量である。
　　ロ　蒸発器の出入口における冷媒の比エンタルピの差である。
　　ハ　圧縮行程の吐出し側と吸込み側における冷媒の比エンタルピの差である。
　　ニ　冷媒循環量と吸込み蒸気の比体積との積である。

2 $p-h$線図において、単位がkJ／kgで表される量はどれか。
　　イ　圧力
　　ロ　比体積
　　ハ　比エンタルピー
　　ニ　密度

3 冷凍用スクリュー圧縮機に関する記述として、適切でないものはどれか。
　　イ　往復動式のようなクランクシャフトがない。
　　ロ　往復動式よりも振動が軽微である。
　　ハ　停止時に差圧でローターが逆回転するのを防止するために、吐出し側又は吸込み側に逆止弁を必要とする。

4 冷暖房兼用のルームエアコンに関する記述として、適切でないものはどれか。
　　イ　外気温度が低いほど暖房能力は高くなる。
　　ロ　冷媒配管を延長すると、冷媒充填量を増やさなければならない。
　　ハ　暖房運転時には、室内側にある熱交換器は凝縮器の働きをする。
　　ニ　冷房運転を暖房運転に切り替えるには、四方弁等で冷媒の流れ方向を変える。

5 ダクト施工に関する記述として、適切なものはどれか。
　　イ　一般に、スパイラルダクトの板厚は、ダクトの総延長により決められる。
　　ロ　一般に、低圧用の長方形ダクトの板厚は、ダクトの断面の長辺寸法により決められる。
　　ハ　風量が一定の場合、ダクト内の風速を速くするには、ダクトの断面積を大きくする。
　　ニ　一般に、高圧用の長方形ダクトの板厚は、ダクトの断面の短辺寸法により決められる。

6 空気調和機器設備に関する記述として、正しいものはどれか。
　　イ　冷凍装置の吸込み蒸気配管は、油戻りをよくするため、できるだけ太くするのがよい。
　　ロ　圧縮機のクランクケースヒータは、運転中通電するように配線する。
　　ハ　冷媒をボンベに回収するとき、R410Aは、R404Aのボンベに回収して差し支えない。
　　ニ　高低圧圧力スイッチの高圧遮断テストは、冷却水バルブを絞って行うが、空冷の場合には、凝縮器を通過する風を遮って高圧圧力を上げて行う。

7 日本産業規格(JIS)の「冷凍用図記号」によれば、下図の管の結合方式として、正しいものはどれか。

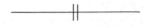

 イ　フランジ式
 ロ　ユニオン式
 ハ　フレア式
 ニ　溶接式

8 次のダクトの継目の構造のうち、「ピッツバーグはぜ」を表すものはどれか。

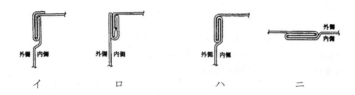

  イ   ロ   ハ   ニ

9 ウォータハンマの防止策にならないものはどれか。
 イ　管路の途中にエアチャンバを設ける。
 ロ　管路の途中にフレキシブル継手を取り付ける。
 ハ　管内流速を遅くする。
 ニ　管路の開閉弁として、電磁弁ではなく電動弁を用いる。

10 防音及び防振材に関する一般的な記述として、適切でないものはどれか。
 イ　同じ厚さであれば、グラスウール板よりもコンクリート板の方が遮音効果が大きい。
 ロ　防振パッドは、金属ばねに比べて、低周波数の機械の防振材に適している。
 ハ　金属ばねは、防振ゴムに比べて、高周波振動の絶縁効果が小さい。
 ニ　ばね併用防振ゴムは、防振ゴムと金属ばねの利点を兼ね備えている。

11 冷凍空調機器の据付け又は整備に使用する器工具に関する記述として、適切なものはどれか。
 イ　アネモメータは、空気中の塵埃量を測定するのに使用される。
 ロ　ブルドン管圧力計は、負の圧力を測定できない。
 ハ　アスマン通風湿度計は、外気の風速を測定するのに使用される。
 ニ　クランプメータは、交流電流を簡便に測定できる。

［B群（多肢択一法）］

12 冷凍空調装置の試験に関する記述として、適切なものはどれか。
　　　イ　圧力容器の耐圧試験は、気密試験の前に行う。
　　　ロ　圧力容器の耐圧試験は、特別な場合を除き、危険防止のためガス圧試験とする。
　　　ハ　冷媒配管完了後の気密試験は、真空放置することにより漏れ箇所を特定できる。
　　　ニ　冷媒配管完了後の気密試験は、酸素を用いて加圧する。

13 冷凍空調機器の冷媒配管の設計に関する記述として、適切でないものはどれか。
　　　イ　温度変化による配管の伸縮を吸収するため、配管にトラップを取り付ける。
　　　ロ　機器相互間の配管の長さは、できるだけ短くする。
　　　ハ　液配管は、冷凍機油の戻りの問題は生じない。
　　　ニ　液配管は、配管の途中で他の熱源から熱を受けないようにする。

14 運転中のうず巻ポンプの吐出し弁を絞ったときの運転状態の変化に関する記述として、適切でないものはどれか。
　　　イ　損失ヘッドが増加する。
　　　ロ　流量が増加する。
　　　ハ　揚程が増加する。
　　　ニ　軸動力が減少する。

15 文中の（　　）内に当てはまる語句の組合せとして、適切なものはどれか。
　　　ボイラや冷却塔等の水質検査において、pH値(水素イオン濃度指数)の5は（　①　）、10は（　②　）を示す。
　　　　　　①　　　　　　　　　②
　　　イ　酸性　　　　　　　アルカリ性
　　　ロ　酸性　　　　　　　中性
　　　ハ　アルカリ性　　　　中性
　　　ニ　中性　　　　　　　酸性

16 冷媒の回収及び機器への充塡に関する記述として、適切でないものはどれか。
　　　イ　機器の修理のため回収した冷媒R22は、その機器に再充塡することができる。
　　　ロ　冷媒R410Aは、液体の状態で機器に充塡する。
　　　ハ　冷媒R22用のゲージマニホールドは、冷媒R410Aの充塡にも使用できる。
　　　ニ　充塡に使用するチャージホースは、長さができるだけ短いものがよい。

17 弁類に関する記述として、適切でないものはどれか。
　　　イ　玉形弁は、流れの方向が決められている。
　　　ロ　スイング式の逆止め弁は、水平方向には取り付けられない。
　　　ハ　バタフライ弁は、仕切弁に比べて取付けのスペースは小さい。
　　　ニ　仕切弁には、弁体の構造上で外ねじ式と内ねじ式がある。

18 冷媒配管に関する記述として、適切でないものはどれか。
　　イ　冷媒配管のろう付け作業中は、配管内に窒素ガスを流すとよい。
　　ロ　銅管と銅管のろう付けには、一般に、BCuP系のろうを使用する。
　　ハ　アンモニア冷媒用の配管として、銅管を使用することができる。
　　ニ　冷媒配管用パッキン材は、冷媒の浸透によって膨潤の起こらないものがよい。

19 冷媒に関する記述として、適切でないものはどれか。
　　イ　R134aは、ハイドロフルオロカーボン冷媒である。
　　ロ　R407Cは、非共沸混合冷媒である。
　　ハ　R410Aの地球温暖化係数は、ゼロである。
　　ニ　R32は、微燃性冷媒である。

20 三相誘導電動機の電源周波数を50Hzから60Hzに変えて運転した場合における、電動機の回転状況の変化に関する記述として、適切なものはどれか。ただし、すべりはないものとする。
　　イ　回転数は変化しない。
　　ロ　回転しない。
　　ハ　回転数は減少する。
　　ニ　回転数は増加する。

21 冷凍空調機器のVVVFインバータ制御に関する記述として、適切なものはどれか。
　　イ　電源周波数及び電源電圧を制御する。
　　ロ　電源電圧のみを制御する。
　　ハ　電源電流のみを制御する。
　　ニ　電源電圧及び電源電流を制御する。

22 空気調和・衛生工学会規格(SHASE－S)による下図の名称として、正しいものはどれか。
　　イ　定圧弁
　　ロ　電磁弁　　　　　　　　　　
　　ハ　逆止め弁
　　ニ　ダイアフラム弁

23 日本産業規格(JIS)によれば、鋼管の種類の記号「SGP」が表すものはどれか。
　　イ　圧力配管用炭素鋼鋼管
　　ロ　配管用炭素鋼鋼管
　　ハ　高圧配管用炭素鋼鋼管
　　ニ　高温配管用炭素鋼鋼管

［B群（多肢択一法)］

24 文中の(　　)内に当てはまる語句として、適切なものはどれか。
　　　高圧ガス保安法関係法令によれば、液化アンモニアを充填する容器は、その外面
　　の見やすい箇所に、容器の表面積の1／2以上について、(　　)の塗色をしなければ
　　ならない。
　　イ　赤色
　　ロ　黒色
　　ハ　白色
　　ニ　ねずみ色

25 文中の(　　)内に当てはまる数値として、正しいものはどれか。
　　　労働安全衛生法関係法令によれば、事業者は、酸素欠乏危険作業に労働者を従事
　　させる場合は、当該作業を行う場所の空気中の酸素の濃度を(　　)%以上に保つよ
　　うに換気しなければならない。
　　イ　10
　　ロ　14
　　ハ　18
　　ニ　22

令和3年度 技能検定
2級 冷凍空気調和機器施工 学科試験問題
（冷凍空気調和機器施工作業）

1. 試験時間　　1時間40分
2. 問題数　　　50題(A群25題、B群25題)
3. 注意事項
　（1）　係員の指示があるまで、この表紙はあけないでください。
　（2）　答案用紙(真偽法と多肢択一法の併用)に検定職種名、作業名、級別、受検番号、氏名を必ず記入してください。
　（3）　係員の指示に従って、問題数を確かめてください。それらに異常がある場合は、黙って手を挙げてください。問題はA群(真偽法)とB群(多肢択一法)とに分かれています。
　（4）　試験開始の合図で始めてください。
　（5）　解答の方法(真偽法と多肢択一法の併用)は次のとおりです。
　　　イ．　A群の問題(真偽法)は、一つ一つの問題の内容が正しいか、誤っているかを判断して解答してください。
　　　ロ．　B群の問題(多肢択一法)は、正解と思うものを一つだけ選んで、解答してください。二つ以上に解答した場合は誤答となります。
　　　ハ．　答案用紙(マークシート用紙)へ解答する際は、答案用紙に記載されている注意事項に従ってください。
　　　ニ．　答案用紙の解答欄は、A群の問題とB群の問題とでは異なります。所定の解答欄に、試験問題の題数に応じて解答してください。解答欄はA群は50題まで、B群は25題まで解答できるようになっています。
　（6）　電子式卓上計算機その他これと同等の機能を有するものは、使用してはいけません。
　（7）　携帯電話、スマートフォン、ウェアラブル端末等は、使用してはいけません。
　（8）　試験中、質問があるときは、黙って手を挙げてください。ただし、試験問題の内容、漢字の読み方等に関する質問にはお答えできません。
　（9）　試験終了時刻前に解答ができあがった場合は、黙って手を挙げて、係員の指示に従ってください。
　（10）　試験中に手洗いに立ちたいときは、黙って手を挙げて、係員の指示に従ってください。
　（11）　試験終了の合図があったら、筆記用具を置き、係員の指示に従ってください。

［A群（真偽法）］

1 水の比熱は、常温で約 4.2kJ／(kg・K)である。

2 運転中の圧縮式冷凍装置において、蒸発器内は、凝縮器内よりも低圧となる。

3 冷却塔の冷却能力は、外気の湿球温度が高いほど高くなる。

4 冷媒配管施工後に実施する冷媒設備の真空試験は、系統内への空気や水分の浸入を防ぐために1時間以内で行うとよい。

5 フルオロカーボン冷媒設備の真空試験には、装置内に残存した水分を除去する効果がある。

6 伸縮管継手は、温度変化による配管の軸方向の伸縮を吸収するために使用される。

7 スパイラルダクトは、円形ダクトの一種である。

8 日本産業規格(JIS)によれば、グラスウール保温筒の熱間収縮温度は、200℃である。

9 空調設備の循環式水配管において、空調熱負荷が一定の場合、送水と還水の温度差を大きくとれば、送水量を少なくできる。

10 鉄筋コンクリート構造では、柱、壁、梁、床を一体的に作ることができる。

11 圧力容器の気密試験は、耐圧試験の実施後に行う。

12 パイロット式電磁弁は、弁の点検をしやすくするため、電磁コイル部を下にして取り付ける。

13 冷媒液の過冷却は、フラッシュガスの発生防止に効果がある。

14 冷凍空気調和機器の絶縁抵抗の測定は、機器の運転中に行う。

15 液管中のフラッシュガスは、膨張弁の能力には影響しない。

16 一般に、ゲージマニホールドのチャージングホースは、青色が高圧側で、赤色が低圧側である。

17 銀ろうは、銅管のろう付けに使用できる。

18 冷凍機油は、低温流動性に優れているものが適している。

19　日本産業規格(JIS)によれば、HEPA フィルタは、定格流量で粒径が 0.3μm の粒子に対して、99.97%以上の粒子補集率をもつ。

20　低圧交流の電圧供給方式には、単相 2 線式、単相 3 線式、三相 3 線式等がある。

21　バイメタル温度計は、センサ(検出器)の電気抵抗が温度により変化する性質を利用して温度を計測する機器である。

22　勾配が 1／200 の配管では、水平距離 50m の両端で 50cm の高低差がある。

23　日本産業規格(JIS)の冷凍用図記号によれば、下図は、レジューサを表す図記号である。

24　建築基準法関係法令によれば、耐火構造の床又は壁と、それを貫通する配管とのすき間は、不燃材料で埋めなければならないと規定されている。

25　労働安全衛生法関係法令によれば、移動はしごについては、幅 30cm 以上のものでなければ使用してはならない。

［B群（多肢択一法）］

1 飽和湿り空気に関する記述として、適切なものはどれか。
　　イ　その空気の温度と圧力によって決まる限界まで水蒸気を含んだ空気である。
　　ロ　乾球温度にかかわらず比エンタルピが常に0kJ／kg(DA)の状態の湿り空気である。
　　ハ　相対湿度が50%の湿り空気である。
　　ニ　水蒸気を全く含まない空気である。

2 冷凍装置における吸込み蒸気の過熱度に関する記述として、適切なものはどれか。
　　イ　吐出しガス温度と吸込み蒸気温度の差である。
　　ロ　凝縮温度と蒸発温度の差である。
　　ハ　凝縮圧力に相当する飽和温度と膨張弁前液温度の差である。
　　ニ　吸込み蒸気温度と蒸発圧力に相当する飽和温度の差である。

3 冷凍空調機器の機能に関する記述として、適切なものはどれか。
　　イ　圧縮機のオイルフォーミングは、吐出し配管に油分離器を取り付けることにより防止できる。
　　ロ　密閉形圧縮機のモータによる発熱は、蒸発器で吸収される。
　　ハ　往復圧縮機の圧力比が大きくなると、体積効率は良くなる。
　　ニ　クランクケースヒータは、潤滑油に溶け込む冷媒を少なくするために取り付ける。

4 冷凍空調機器に使用されるコンデンサに関する記述として、適切なものはどれか。
　　イ　水冷コンデンサでフィン付管を使用する場合は、フィン付面側を冷媒側とする。
　　ロ　水冷コンデンサの冷却水の管内流速は、一般に、7〜9m／sとする。
　　ハ　空冷コンデンサでは、冷却管の空気側にフィンを付けると伝熱作用が悪くなる。
　　ニ　空冷コンデンサの熱通過率は、前面風速の影響を受けない。

5 空調設備における制御機器と、その制御対象の組合せとして、適切でないものはどれか。

	制御機器	制御対象
イ	サーモスタット	室内の温度
ロ	低圧圧力スイッチ	室内の湿度
ハ	ボールタップ	受水槽の水位
ニ	電動三方弁	エアハンドリングユニットの冷温水の流量

［B群（多肢択一法）］

6 冷凍空調機器の据付けに関する記述として、適切なものはどれか。
   イ フルオロカーボン冷媒用の配管には、圧力配管用炭素鋼鋼管STPGを使用できない。
   ロ フルオロカーボン冷凍装置が設置された機械室において、冷凍装置からガス漏れがあると、漏れたガスは、機械室の床上に滞留する。
   ハ フルオロカーボン冷媒の吸込み立上がり配管は、蒸気速度を2.5m／s以下とする。
   ニ 銅管をろう付けにより結合する場合、銅管の最小差込み深さを3mmとする。

7 日本産業規格(JIS)によれば、冷凍用図記号と管の結合方式の組合せとして、誤っているものはどれか。

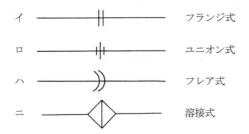

   イ   フランジ式

   ロ   ユニオン式

   ハ   フレア式

   ニ   溶接式

8 建築物の防火区画を貫通する部分に使われるダクトのダンパはどれか。
   イ ボリュームダンパ
   ロ チャッキダンパ
   ハ ファイヤダンパ
   ニ モータダンパ

9 配管途中に設ける弁に関する一般的な記述として、適切でないものはどれか。
   イ バタフライ弁は、構造が簡単で取付スペースが小さい。
   ロ 仕切弁は、玉形弁よりも配管内の流量を調節するのに適している。
   ハ 逆止弁には、スイング型やリフト型などがある。
   ニ ボール弁は、配管の軸と弁体の通路が一致したときに開となる。

10 防音、防振及び耐震工事に関する記述として、適切でないものはどれか。
   イ 圧縮機を防振支持したとき、その吸込み管や吐出し管に、可とう管を使用した。
   ロ 同じ厚さであれば、コンクリートよりもグラスウールの方が防音効果が大きい。
   ハ コイルばねは、一般に、減衰係数が小さく、共振点における振幅の増加が著しい。
   ニ 地震による横ずれを防止するため、冷却水ポンプの防振架台に耐震ストッパを設ける。

［B群（多肢択一法）］

11 機器のボルト及びナットを締め付ける際、締め付ける力を管理するのに使用される工具はどれか。
　　イ　メガネレンチ
　　ロ　ボックスレンチ
　　ハ　トルクレンチ
　　ニ　モンキレンチ

12 冷凍空調装置の試験に関する記述として、適切でないものはどれか。
　　イ　冷媒の漏れを検査する場合は、冷媒に適した検知器を使用する。
　　ロ　ガス圧試験には、酸素ガスを用いてはならない。
　　ハ　一般に、気密試験終了後、そのままの圧力で冷凍空調装置を一昼夜放置する。
　　ニ　真空放置試験は、漏れ箇所を特定しやすい。

13 冷凍空調機器の作業に関する記述として、適切でないものはどれか。
　　イ　圧縮機にHFC冷媒R410Aを充填する場合は、ガス状の冷媒を充填する。
　　ロ　冷媒配管の長さは、冷却能力に関係するので、できるだけ短くする。
　　ハ　冷媒配管の液管には、周囲温度によっては、フラッシュガスが発生するのを防止するために防熱を施す。
　　ニ　冷媒配管の圧縮機吸入ガス管には、周囲温度によって加熱されるのを防止するために防熱を施す。

14 運転中のうず巻ポンプの吐出し弁を絞ったときの運転状態の変化に関する記述として、適切なものはどれか。
　　イ　損失ヘッドが減少する。
　　ロ　流量が増加する。
　　ハ　揚程が減少する。
　　ニ　軸動力が減少する。

15 圧縮機のクランクケースヒータの機能として、適切なものはどれか。
　　イ　圧縮機の吸込み蒸気過熱度の調整
　　ロ　圧縮機停止時の圧力低下防止
　　ハ　圧縮機運転中の液バック防止
　　ニ　圧縮機停止時の油への冷媒溶け込み防止

16 室内環境の測定対象とその測定機器との組合せとして、適切でないものはどれか。
　　　　　　測定対象　　　　　測定機器
　　イ　風速・・・・・・熱線風速計
　　ロ　浮遊粉塵量・・・デジタル粉塵計
　　ハ　温度・湿度・・・アスマン通風乾湿計
　　ニ　騒音・・・・・・マノメータ

17 保温材に関する記述として、適切なものはどれか。
　　イ　グラスウール保温板は、ロックウール保温板よりも耐熱温度が高い。
　　ロ　保温材は、一般に、水分を含むと熱伝導率が小さくなる。
　　ハ　硬質ウレタンフォーム保温筒は、200℃の温度で使用できる。
　　ニ　冷温水配管の保温材にポリエチレンフィルムを巻くのは、透湿を防ぐためである。

18 冷媒配管に関する記述として、適切でないものはどれか。
　　イ　冷媒配管のろう付け作業中は、配管内に酸素を流すとよい。
　　ロ　銅管と銅管のろう付けには、一般に、BCuP系のろう棒を使用する。
　　ハ　立上がり配管を覆った保温材の外面にアルミガラスクロスなどのテープを巻き付ける場合は、配管の下方から上方に巻き上げるとよい。
　　ニ　冷媒配管用パッキン材は、冷媒の浸透によって膨潤の起こらないものがよい。

19 次の冷媒のうち、地球温暖化係数(GWP)が最も小さいものはどれか。
　　イ　HFC冷媒R134a
　　ロ　HFC冷媒R410A
　　ハ　HFC冷媒R404A
　　ニ　自然冷媒R744(二酸化炭素)

20 電動機の回転数測定器具の種類として、適切でないものはどれか。
　　イ　ハスラー式
　　ロ　遠心力式
　　ハ　光電式
　　ニ　パーティクルカウンタ

21 常温において、銅線の断面積を2倍にし、その長さを8倍にした場合、電気抵抗値は元の何倍になるか。
　　イ　　2倍
　　ロ　　4倍
　　ハ　　8倍
　　ニ　　16倍

22 空気調和・衛生工学会規格(SHASE－S)によれば、下図の図示記号が表すものはどれか。
　　イ　圧力計
　　ロ　連成圧力計
　　ハ　温度計
　　ニ　流量計

［B群（多肢択一法）］

23　日本産業規格(JIS)によれば、下図の冷凍用図記号が表すものはどれか。

　　イ　バタフライ弁
　　ロ　アングル弁　　　　　
　　ハ　安全弁
　　ニ　フート弁

24　文中の(　　)内に当てはまる語句として、正しいものはどれか。
　　高圧ガス保安法関係法令によれば、アセチレンガスを充填する容器の外面は、(　　)に
　　塗色しなければならないと規定されている。

　　イ　赤色
　　ロ　黒色
　　ハ　かっ色
　　ニ　ねずみ色

25　労働安全衛生法関係法令における、ガス等の容器の取扱いに関する記述として、適切
　　でないものはどれか。

　　イ　容器は、通風又は換気の不十分な場所に設置しないこと。
　　ロ　容器の温度は、40℃以下に保つこと。
　　ハ　溶解アセチレンの容器は、横に寝かせて置くこと。
　　ニ　使用前又は使用中の容器とこれら以外の容器との区別を明らかにしておくこ
　　　　と。

令和2年度 技能検定
2級 冷凍空気調和機器施工 学科試験問題
(冷凍空気調和機器施工作業)

1. 試験時間　1時間40分
2. 問題数　50題(A群25題、B群25題)
3. 注意事項
   （1）　係員の指示があるまで、この表紙はあけないでください。
   （2）　答案用紙(真偽法と多肢択一法の併用)に検定職種名、作業名、級別、受検番号、氏名を必ず記入してください。
   （3）　係員の指示に従って、問題数を確かめてください。それらに異常がある場合は、黙って手を挙げてください。問題はA群(真偽法)とB群(多肢択一法)とに分かれています。
   （4）　試験開始の合図で始めてください。
   （5）　解答の方法(真偽法と多肢択一法の併用)は次のとおりです。
   　　イ．　A群の問題(真偽法)は、一つ一つの問題の内容が正しいか、誤っているかを判断して解答してください。
   　　ロ．　B群の問題(多肢択一法)は、正解と思うものを一つだけ選んで、解答してください。二つ以上に解答した場合は誤答となります。
   　　ハ．　答案用紙(マークシート用紙)へ解答する際は、答案用紙に記載されている注意事項に従ってください。
   　　ニ．　答案用紙の解答欄は、A群の問題とB群の問題とでは異なります。所定の解答欄に、試験問題の題数に応じて解答してください。解答欄はA群は50題まで、B群は25題まで解答できるようになっています。
   （6）　電子式卓上計算機その他これと同等の機能を有するものは、使用してはいけません。
   （7）　携帯電話、スマートフォン、ウェアラブル端末等は、使用してはいけません。
   （8）　試験中、質問があるときは、黙って手を挙げてください。ただし、試験問題の内容、漢字の読み方等に関する質問にはお答えできません。
   （9）　試験終了時刻前に解答ができあがった場合は、黙って手を挙げて、係員の指示に従ってください。
   （10）　試験中に手洗いに立ちたいときは、黙って手を挙げて、係員の指示に従ってください。
   （11）　試験終了の合図があったら、筆記用具を置き、係員の指示に従ってください。

［A群（真偽法）］

1 相対湿度50％の空気では、乾球温度は、湿球温度よりも低い。

2 空冷凝縮器は、主として、大気の顕熱により冷媒を冷却する。

3 アキュムレータには、液圧縮を防ぐ機能がある。

4 ネットワーク式工程表は、工事の作業の内容、手順及び日程を示すことができる。

5 三相200Vのパッケージ形エアコンディショナの据付けでは、A種接地工事を施さなければならない。

6 空調設備に用いる水配管には、管内において空気泡と水が逆方向に流れるように、空気抜き弁に向かって下り勾配をつける。

7 空調機器とダクトの接続にキャンバス継手を使用する主な目的は、防火のためである。

8 冷水配管をポリスチレンフォーム保温筒で断熱する場合、防湿層は、一般に、断熱層の内側に施工する。

9 空調機器からの排水は、間接排水とする。

10 鉄筋コンクリート造の長方形スラブにおいて、主筋は、スラブの長辺方向に配筋される。

11 冷凍空調機器の耐圧試験圧力の基準となる設計圧力は、絶対圧力で表示する。

12 圧縮機のピストンにピストンリングとオイルリングを組み付ける場合は、各リングの合わせ目が重なるようにする。

13 温度自動膨張弁は、冷媒の凝縮圧力を制御するために使用される。

14 冷凍機用電動機の絶縁抵抗の測定は、電動機を始動する前に行う。

15 冷媒液管内にフラッシュガスが発生すると、冷媒循環量が増える。

16 HCFC冷媒R22用チャージホースは、HFC冷媒R410A用チャージホースとしても使用できる。

［A群（真偽法）］

17 銀ろうは、銅管と銅管の接合には使用できない。

18 冷媒R410Aは、冷媒R502の代替冷媒として使用される。

19 日本産業規格(JIS)によれば、硬質ウレタンフォーム保温材の使用温度の目安は、100℃以下である。

20 並列に接続された抵抗R_1、R_2及びR_3の合成抵抗Rは、$R_1+R_2+R_3$で求められる。

21 誘導電動機において、電源電圧が定格電圧よりも低下した場合、全負荷電流は増加する。

22 シーケンス回路図における接続線は、基本的に、回路の構成部品がその動作順序に従って、右から左へ順に並ぶように表す。

23 日本産業規格(JIS)によれば、次は、送風機を表す冷凍用図記号である。

24 高圧ガス保安法関係法令によれば、アンモニアは、可燃性で毒性のガスである。

25 労働安全衛生法関係法令によれば、事業者は、酸素欠乏危険作業に労働者を従事させる場合は、原則として、当該作業を行う場所の空気中の酸素の濃度を18%以上に保つように換気しなければならない。

［B群（多肢択一法）］

1 湿り空気を電気ヒータにより加熱した後の状態変化に関する記述として、適切なものはどれか。
  イ 相対湿度が高くなる。
  ロ 湿球温度が低くなる。
  ハ 絶対湿度は変わらない。
  ニ 比体積は変わらない。

2 ルームエアコンディショナの冷房時の冷媒が流れる順序として、一般に、適切なものはどれか。
  イ 蒸発器 → 膨張弁 → 凝縮器 → 圧縮機 → 蒸発器
  ロ 蒸発器 → 圧縮機 → 凝縮器 → 膨張弁 → 蒸発器
  ハ 蒸発器 → 圧縮機 → 膨張弁 → 凝縮器 → 蒸発器
  ニ 蒸発器 → 膨張弁 → 圧縮機 → 凝縮器 → 蒸発器

3 往復動圧縮機の体積効率に関する記述として、適切なものはどれか。
  イ 圧力比(圧縮比)が大きくなるほど、小さくなる。
  ロ シリンダとピストンのクリアランスが少ないほど、小さくなる。
  ハ 低圧圧力が一定で、高圧圧力が高くなるほど、大きくなる。
  ニ シリンダが過熱するほど、大きくなる。

4 冷凍機の種類とその容量制御方法の組合せとして、適切でないものはどれか。
     冷凍機の種類   容量制御方法
  イ 往復動冷凍機・・・・・気筒数制御
  ロ 吸収冷凍機・・・・・・ホットガスバイパス制御
  ハ 遠心冷凍機・・・・・・サクションベーン制御
  ニ スクリュー冷凍機・・・スライドバルブ制御

5 冷却塔に関する記述として、適切でないものはどれか。
  イ 一般に、向流形冷却塔では、冷却水は塔内の上部から下部へ流下し、空気は塔内の下部から上部へ冷却水と対向するように流れる。
  ロ 湿式冷却塔は、主として、冷却水の蒸発潜熱によって冷却水の温度を下げる。
  ハ 冷却水の温度は、一般に、空気の湿球温度よりも低い温度まで冷却できる。
  ニ 冷却塔の入口水温と出口水温の差をレンジという。

6 冷凍装置の冷媒配管の施工に関する記述として、適切なものはどれか。
  イ 横走り吸込み配管は、液戻りを防止するため、先上がり勾配とする。
  ロ 配管の微量のガス漏れ箇所を特定するには、真空放置試験が適している。
  ハ 立上がり吸込み配管は、油戻りを良くするため、管径をできるだけ大きくするのがよい。
  ニ 冷媒がアンモニアの場合は、冷媒配管として銅管を使用しない。

7 日本産業規格(JIS)によれば、冷凍用図記号と管の結合方式の組合せとして、正しいも
のはどれか。

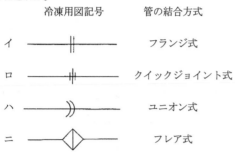

	冷凍用図記号	管の結合方式
イ		フランジ式
ロ		クイックジョイント式
ハ		ユニオン式
ニ		フレア式

8 下図は、ダクトの継目の構造を示したものであるが、ボタンパンチスナップはぜはど
れか。

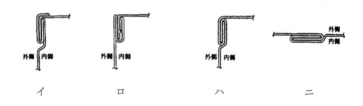

      イ   ロ   ハ   ニ

9 ウォータハンマの発生原因でないものはどれか。
　　イ　配管の内径が必要以上に大きい。
　　ロ　配管内の水圧が過度に高い。
　　ハ　配管内の流速が過度に速い。
　　ニ　水栓を急激に開栓又は閉栓した。

10 冷凍空調機器の防振材に関する記述として、適切でないものはどれか。
　　イ　防振ゴムは、金属ばねと比べて、回転数の低い機械に対する防振効果が小さい。
　　ロ　金属ばねは、防振ゴムよりも制振効果が小さい。
　　ハ　防振パッドは、低周波数の機械の防振材に適している。
　　ニ　ゴム内にコイルばねを挿入した防振材は、防振ゴムと金属ばねの利点を兼ね備
　　　　えている。

［B群（多肢択一法）］

11 冷凍空調機器の据付け又は整備に使用する器工具に関する記述として、適切なものはどれか。
イ アネモメータは、空気中の塵埃量を測定するのに使用される。
ロ ブラインの濃度は、比重計で測定できる。
ハ フルオロカーボン冷媒の微少な漏れ量の検知の精度は、電子式冷媒漏えい検知装置法よりも発泡液法の方が優れている。
ニ アスマン通風乾湿計では、乾球温度を測定できない。

12 冷凍空調装置の試験に関する記述として、適切なものはどれか。
イ 圧力容器の耐圧試験は、原則として、危険防止のため液圧試験とする。
ロ 冷媒配管の施工後の気密試験は、配管の断熱工事の後に行う。
ハ 冷媒配管の施工後の気密試験は、酸素を使用して装置内を加圧する。
ニ 気密試験の終了後、そのままの圧力で長時間放置試験を行ってはならない。

13 冷凍空調機器の分解及び組立てに関する記述として、適切でないものはどれか。
イ 圧縮機にHFC冷媒R410Aを充填する場合は、液相で行う。
ロ 冷媒配管の長さは、冷却能力に関係するので、できるだけ短くする。
ハ 機器の整備の際に回収した冷媒は、いかなる場合にも、その機器に再充填してはならない。
ニ 冷媒配管の圧縮機吸入ガス管には、周囲温度によって加熱されるのを防止するために防熱を施す。

14 遠心ポンプの流量制御に関する記述として、適切でないものはどれか。
イ ポンプの吐出し弁を絞ると、全揚程は増加する。
ロ ポンプの吐出し弁を絞ると、損失ヘッドは増加する。
ハ ポンプの回転数を下げると、全揚程は増加する。
ニ ポンプの回転数を下げると、吐出し量は減少する。

15 文中の（　）内に当てはまる語句の組合せとして、適切なものはどれか。
冷却塔の水質検査において、pH値(水素イオン濃度指数)の5は（ ① ）、7は（ ② ）を示す。

	①	②
イ	酸性	アルカリ性
ロ	酸性	中性
ハ	アルカリ性	中性
ニ	中性	酸性

16 文中の(　　)内に当てはまる語句として、適切なものはどれか。

　　2種類の異なる金属線を接続して回路を作り、その2つの接続点に温度差を与えると、両接続点間に熱起電力が発生する。この熱起電力によって温度を測定する温度計を(　　)という。

　　イ　隔測指示温度計
　　ロ　サーモカラー温度計
　　ハ　電気抵抗式温度計
　　ニ　熱電対温度計

17 配管の施工に関する記述として、適切でないものはどれか。

　　イ　配管系内の圧力を大気圧以上の高圧に保つ高温水配管には、膨張タンクとして、密閉式のものを用いる。
　　ロ　吊り配管の途中に用いるラインポンプは、重量が配管にかからないように、その前後を吊り金物等で支持する。
　　ハ　蒸気配管における重力還水式還水管は、蒸気が流れる方向に向かって下り勾配とする。
　　ニ　開放回路式の水配管は、ポンプの所要動力が密閉回路方式のものよりも小さい。

18 保温材に関する記述として、適切でないものはどれか。

　　イ　グラスウール保温板は、一般に、ロックウール保温板よりも高温の断熱に適している。
　　ロ　保温材は、水分を含むと熱伝導率が高くなる。
　　ハ　日本産業規格(JIS)によれば、ビーズ法ポリスチレンフォーム保温筒の使用温度の目安は、70℃以下である。
　　ニ　冷温水配管の保温保冷工事において、保温材にポリエチレンフィルムを巻くのは、保温材への透湿を防ぐためである。

19 次のうち、地球温暖化係数(GWP)が最も大きいものはどれか。

　　イ　HFC冷媒R32
　　ロ　HFC冷媒R134a
　　ハ　HFC冷媒R404A
　　ニ　自然冷媒R717(アンモニア)

20 6極の三相かご形誘導電動機を周波数50Hzで使用するときの回転数として、適切なものはどれか。ただし、すべりは無視するものとする。

　　イ　　300 rpm
　　ロ　　600 rpm
　　ハ　1000 rpm
　　ニ　1500 rpm

［B群（多肢択一法）］

21 進相コンデンサに関する記述として、適切なものはどれか。
　　イ　漏電遮断器に近いところに設置する。
　　ロ　電磁開閉器の一次側に近いところに設置する。
　　ハ　電源に近いところに設置する。
　　ニ　負荷に近いところに設置する。

22 空気調和・衛生工学会規格(SHASE−S)によれば、次の図示記号が示す機器の名称として、正しいものはどれか。
　　イ　圧力計
　　ロ　流量計
　　ハ　温度計
　　ニ　連成圧力計

23 日本産業規格(JIS)によれば、次の冷凍用図記号で示すバルブの種類として、正しいものはどれか。
　　イ　定圧圧力調整弁
　　ロ　容量調整弁
　　ハ　油圧圧力調整弁
　　ニ　圧力式制水弁

24 文中の(　　)内に当てはまる語句として、正しいものはどれか。
　　　高圧ガス保安法関係法令によれば、気密試験圧力は、設計圧力又は許容圧力のいずれか低い圧力(　　)の圧力とするとされている。
　　イ　以上
　　ロ　の2.5倍以上
　　ハ　の1／2以上
　　ニ　未満

25 文中の(　　)内に当てはまる数値として、正しいものはどれか。
　　　労働安全衛生法関係法令によれば、事業者は、ガス溶接等の業務に使用するガス等の容器の温度を(　　)℃以下に保つこととされている。
　　イ　30
　　ロ　40
　　ハ　50
　　ニ　60

令和4年度 技能検定

1級 冷凍空気調和機器施工 学科試験問題

（冷凍空気調和機器施工作業）

1. 試験時間　1時間40分
2. 問題数　　50題(A群25題、B群25題)
3. 注意事項
   （1）　係員の指示があるまで、この表紙はあけないでください。
   （2）　答案用紙(真偽法と多肢択一法の併用)に検定職種名、作業名、級別、受検番号、氏名を必ず記入してください。
   （3）　係員の指示に従って、問題数を確かめてください。それらに異常がある場合は、黙って手を挙げてください。問題はA群(真偽法)とB群(多肢択一法)とに分かれています。
   （4）　試験開始の合図で始めてください。
   （5）　解答の方法(真偽法と多肢択一法の併用)は次のとおりです。
   　　イ．　A群の問題(真偽法)は、一つ一つの問題の内容が正しいか、誤っているかを判断して解答してください。
   　　ロ．　B群の問題(多肢択一法)は、正解と思うものを一つだけ選んで、解答してください。二つ以上に解答した場合は誤答となります。
   　　ハ．　答案用紙(マークシート用紙)へ解答する際は、答案用紙に記載されている注意事項に従ってください。
   　　ニ．　答案用紙の解答欄は、A群の問題とB群の問題とでは異なります。所定の解答欄に、試験問題の題数に応じて解答してください。解答欄はA群は50題まで、B群は25題まで解答できるようになっています。
   （6）　電子式卓上計算機その他これと同等の機能を有するものは、使用してはいけません。
   （7）　携帯電話、スマートフォン、ウェアラブル端末等は、使用してはいけません。
   （8）　試験中、質問があるときは、黙って手を挙げてください。ただし、試験問題の内容、漢字の読み方等に関する質問にはお答えできません。
   （9）　試験終了時刻前に解答ができあがった場合は、黙って手を挙げて、係員の指示に従ってください。
   （10）　試験中に手洗いに立ちたいときは、黙って手を挙げて、係員の指示に従ってください。
   （11）　試験終了の合図があったら、筆記用具を置き、係員の指示に従ってください。

［A群（真偽法）］

1　湿り空気では、相対湿度が同じ場合、乾球温度が高いほど、露点温度も高くなる。

2　理論冷凍サイクルの$p-h$線図上における断熱圧縮では、比エントロピは変化しない。

3　冷凍空調機器の圧縮機の体積効率は、圧力比(圧縮比)が大きくなるにしたがって大きくなる。

4　凝縮負荷が一定の場合、空冷凝縮器の通過風量が減少すると、凝縮温度は高くなる。

5　冷却塔の冷却能力は、外気の湿球温度が高いほど高くなる。

6　1／100の勾配とは、50mの横引き配管に対し、5cmの落差をつけることをいう。

7　冷媒配管のろう付け作業中に配管内に窒素ガスを流す主な目的は、配管内を冷却するためである。

8　冷蔵庫の防湿層は、断熱層の庫内側に施工する。

9　配管の保温工事において、保温筒を2層以上に分けて施工する場合は、各層の縦、横の継ぎ目部が同一箇所にならないように施工するとよい。

10　跳水現象は、排水立て管の基部において、垂直に落下した排水が横主管へ流入する際に、急に速度が減じられ、水深が部分的に増加する現象である。

11　ディスクグラインダは、鋼管のねじ切りに使用する工具である。

12　ネットワーク手法の工事工程表は、計画段階の日程を棒グラフで図表化し、それに実績を記入することで作業の進捗を管理するものである。

13　圧力容器の耐圧試験は、原則として、ガス圧試験とする。

14　四方弁にろう付けをするときは、本体内部の部品を保護するため、本体をぬれ雑巾などで冷却しながら行う。

15　空冷凝縮器に用いる凝縮圧力調整弁は、凝縮圧力が所定の圧力以上にならないよう調節する。

16　冷凍空調機器において、温度自動膨張弁の感温筒からのガス漏れは、圧縮機への液戻りの原因となる。

17　アンモニア冷媒配管には、りん脱酸銅継目無管は使用しない。

［A群（真偽法）］

18 冷媒のR600a(イソブタン)の地球温暖化係数(GWP)は、約3000である。

19 水配管で銅管と鋼管を接続すると、鋼管側が腐食しやすい。

20 周波数が同じ場合、6極誘導電動機の定格回転速度は、4極誘導電動機の定格回転速度よりも速い。

21 交流誘導電動機の直入始動時の電流は、運転電流の約300%である。

22 日本産業規格(JIS)によれば、下図の(1)はメーク接点、(2)はブレーク接点を表す電気用図記号である。

(1)　　　　(2)

23 日本産業規格(JIS)の冷凍用図記号によれば、次の図記号は、たわみ管継手を表す。

24 1日の冷凍能力が6トンの冷凍設備内における高圧ガスである不活性のフルオロカーボンは、高圧ガス保安法関係法令の適用を受けない。

25 労働安全衛生法関係法令によれば、溶解アセチレンの容器は、横に寝かせて置くことと規定されている。

［B群（多肢択一法）］

1 理論冷凍サイクルの成績係数に関する記述として、適切なものはどれか。
　　イ　蒸発器出口と入口における冷媒の比エンタルピの差である。
　　ロ　凝縮器で放出する熱量と蒸発器で吸収した熱量との差である。
　　ハ　蒸発器出入口の冷媒の比エンタルピ差を、圧縮前後の比エンタルピ差で除した
　　　　ものである。
　　ニ　圧縮機が実際に吸い込んだ蒸気量を、理論ピストン押しのけ量で除したもので
　　　　ある。

2 冷凍空調用圧縮機の種類とそれに関連する用語の組合せとして、適切でないものはど
　れか。
　　　　　圧縮機の種類　　　　　用語
　　イ　往復多気筒圧縮機　　　　アンローダ
　　ロ　スクリュー圧縮機　　　　入口ガイドベーン
　　ハ　ロータリー圧縮機　　　　回転ピストン
　　ニ　遠心圧縮機　　　　　　　サージング

3 空調用溶融亜鉛めっき鋼板製長方形ダクトに関する記述として、適切なものはどれか。
　　イ　角部の接合には、一般に、ボタンパンチスナップはぜが広く使用されている。
　　ロ　低圧ダクトの板厚は、ダクトの短辺の長さによって決まる。
　　ハ　ダクト(横長の場合)の寸法は、一般に、縦寸法×横寸法で表す。
　　ニ　ダクトの長手方向の接続には、差込み継手接合材が使用される。

4 日本産業規格(JIS)の配管系の識別表示における、管内の物質の種類とその識別色の組
　合せとして、正しいものはどれか。
　　　　　物質の種類　　識別色
　　イ　水　　　　　　　白
　　ロ　蒸気　　　　　　暗い赤
　　ハ　ガス　　　　　　青
　　ニ　油　　　　　　　黒

5 機器の据付けに関する記述として、適切なものはどれか。
　　イ　パッケージエアコンの冷媒配管長さを長くしても、冷暖房能力には影響しない。
　　ロ　フレア継手の締付けトルクは、日本産業規格(JIS)で規定されている。
　　ハ　凍上防止とは、冷蔵庫が冷え過ぎて野菜や飲料等が凍結するのを防止すること
　　　　をいう。
　　ニ　冷媒配管工事において、配管の断熱作業は、気密試験の前に行う。

6 フルオロカーボン冷媒を使用した冷凍空調機器の冷媒配管に関する記述として、適切なものはどれか。

    イ　吸込み立ち上がり配管は、圧力損失をできるだけ小さくするために太いサイズとする。

    ロ　高圧冷媒液配管内にフラッシュガスが発生すると、冷凍能力は低下する。

    ハ　圧縮機の潤滑油とフルオロカーボン冷媒は、相溶性が高いため、油戻りを考慮した冷媒配管は不要である。

    ニ　吸込み配管の防熱性能の低下を避けるため、防熱層の最内側には、防湿材を施す。

7 文中の（　）内に当てはまる数値として、適切なものはどれか。

    建築基準法関係法令によれば、防火区画の壁を貫通するダクトに防火ダンパを壁から離して取り付ける場合には、防火ダンパと壁との間のダクトは、（　）mm以上の厚さの鉄板でつくる。

    イ　0.5

    ロ　1.0

    ハ　1.2

    ニ　1.5

8 給排水配管に関する記述として、適切でないものはどれか。

    イ　配管系から発生する空気伝搬音の対策として、配管に鉛シートを巻き付ける方法などがある。

    ロ　配管に断熱材を取り付ける場合は、配管の水圧試験の完了後に行う。

    ハ　空調機器内が負圧になる場合は、凝縮水の排水管にトラップを設けてはならない。

    ニ　配管に取り付けた断熱材が水分を吸収するおそれがある場合は、断熱材の外側に防湿層を設ける。

9 防振に関する記述として、適切でないものはどれか。

    イ　防振ゴムには、形状を変えることにより、三方向やねじり方向に対応できるものもある。

    ロ　金属ばねは、ばね定数が明確で、自由に選ぶことができる。

    ハ　ばね併用防振ゴムは、共振ピークの緩和を図ることができる。

    ニ　防振パッドは、低い周波数の防振に適している。

［B群（多肢択一法）］

10 冷凍空調機器の据付けに関する記述として、適切でないものはどれか。
　　イ　防振基礎は、空調機器からの振動を床に伝達することを減らすためのものである。
　　ロ　機械の振動は、機械の回転部分の動的バランスの調整などによって抑えることができる。
　　ハ　防振装置を取り付けた機器への連絡配管は、直接、当該機器に固定し、剛性を大きくするとよい。
　　ニ　防振ハンガは、配管からの振動を天井に伝達することを防止するためのものである。

11 鉄筋コンクリートに関する記述として、適切でないものはどれか。
　　イ　鉄筋コンクリートは、主に、鉄筋が引張力を負担し、コンクリートが圧縮力を負担する。
　　ロ　鉄筋とコンクリートの線膨張係数は、常温では、ほぼ等しい。
　　ハ　コンクリートがアルカリ性であるため、コンクリート中では、鉄筋はさびにくい。
　　ニ　コンクリートは、水セメント比が大きくなると、強度が高くなる。

12 空気調和機の冷房時における簡易風量測定に関する記述として、適切なものはどれか。
　　イ　風速の速い吹出口の中心を熱線風速計で測定し、吹出面積を掛けて算出する。
　　ロ　吹出口フードを取付け、風車型ビラム風速計で平均風速を測定し、その測定点の断面積を掛けて算出する。
　　ハ　吹出口と吸込口の温度差に空気の比熱を掛けて冷房能力から算出する。
　　ニ　吹出口と吸込口の温度差に入口空気の比容積を掛けて冷房能力から算出する。

13 冷媒回収に関する記述として、適切でないものはどれか。
　　イ　フルオロカーボン冷媒の回収容器は、耐圧試験圧力のレベルによりFC一類容器、FC二類容器及びFC三類容器に分類される。
　　ロ　冷媒R410Aは、FC一類容器に回収する。
　　ハ　液化フルオロカーボンは、気化すると急激に膨張するので、回収容器から大量に漏えいすると、酸欠を引き起こすことがある。
　　ニ　フルオロカーボン冷媒が充填された回収容器は、40℃以下に保つ。

14 温度自動膨張弁を設けた乾式蒸発器に関する記述として、適切なものはどれか。
　　イ　蒸発器の熱負荷が減少すると、蒸発圧力が低下する。
　　ロ　蒸発器に霜が厚く付着すると、蒸発圧力が上昇する。
　　ハ　膨張弁の感温筒が蒸発器出口配管からはずれて、蒸発温度よりも高い周囲温度を感知すると、蒸発圧力が低下する。
　　ニ　蒸発器内の冷媒流量は、常に一定に保たれている。

15 冷凍空調機器の測定に関する記述として、適切なものはどれか。
 イ クランプメータは、充電部に対し非接触にて電圧を測定できる。
 ロ 回路計(テスタ)は、絶縁抵抗を測定できる。
 ハ 電路に対して、電流計は並列に、電圧計は直列に接続する。
 ニ 絶縁抵抗の測定は、電路と対地(アース)間で行う。

16 冷凍空調機器の故障に関する記述として、適切でないものはどれか。
 イ 往復圧縮機は、オイルリングが磨耗すると、油上がりが多くなる。
 ロ ターボ圧縮機は、冷媒の流量が少なくなると、サージング現象を起こしやすい。
 ハ 往復圧縮機は、コンプレッションリングが磨耗すると、体積効率が低下する。
 ニ 温度自動膨張弁は、感温筒に封入された冷媒が漏れると、開となる。

17 空調設備の測定項目とその計測機器等との組合せとして、適切でないものはどれか。
　　　測定項目　　　　　計測機器
 イ ダクト内風速　　ピトー管
 ロ 配管内圧力　　　ブルドン管
 ハ 室内空気の湿度　アスマン通風乾湿計
 ニ ダクト内動圧　　ベンチュリー管

18 保温材の施工に関する記述として、適切なものはどれか。
 イ ポリエチレンフォーム保温材は、150℃以上のボイラや煙道などの断熱に適している。
 ロ ポリスチレンフォーム保温筒は、70℃以下の配管の断熱に適している。
 ハ グラスウール保温筒は、約600℃の配管の断熱に適している。
 ニ ブライン配管の保温筒の外側には、防湿層を施工してはならない。

19 オゾン破壊係数に関する記述として、正しいものはどれか。
 イ R410Aのオゾン破壊係数は、0.5である。
 ロ R22のオゾン破壊係数は、0.055である。
 ハ R407Cのオゾン破壊係数は、1.0である。
 ニ R717のオゾン破壊係数は、1.0である。

20 交流三相の200V、3.7kW、力率80%及び効率90%の誘導電動機の全負荷電流(A)として、最も近いものはどれか。
 イ 12A
 ロ 15A
 ハ 18A
 ニ 21A

［B群（多肢択一法）］

21 三相誘導電動機の運転に関する記述として、適切でないものはどれか。
  イ 回転方向を変えるには、三相電源のうち2つの電源を入れ替える。
  ロ 電源電圧が低下すると、運転電流が増加する。
  ハ 回転速度は、電源周波数により増減する。
  ニ 電源周波数が同一である場合、回転速度は、同期電動機よりも速い。

22 日本産業規格(JIS)によれば、次の図記号が示す固定式管継手の種類はどれか。
  イ ディストリビュータ
  ロ レジューサ
  ハ T
  ニ クロス

23 日本産業規格(JIS)の冷凍用図記号によれば、下図に示す操作弁の種類として、正しいものはどれか。
  イ 電動弁
  ロ フロート式操作弁
  ハ シリンダ式操作弁
  ニ ダイヤフラム弁

24 文中の（　）内に当てはまる数値として、正しいものはどれか。ただし、（　）内は同一の数値とする。
  　高圧ガス保安法関係法令によれば、高圧ガスとは、常用の温度において、ゲージ圧力が（　）MPa以上となる液化ガスであって、現にその圧力が（　）MPa以上であるもの又は圧力が（　）MPaとなる場合の温度が35℃以下である液化ガスをいう。
  イ 0.2
  ロ 1.0
  ハ 2.0
  ニ 3.0

25 文中の（　）内に当てはまる数値として、適切なものはどれか。
  　労働安全衛生法関係法令によれば、脚立については、脚と水平面との角度を（　）°以下とし、かつ、折りたたみ式のものにあっては、脚と水平面との角度を確実に保つための金具等を備えることとされている。
  イ 65
  ロ 70
  ハ 75
  ニ 80

令和3年度 技能検定
1級 冷凍空気調和機器施工 学科試験問題
（冷凍空気調和機器施工作業）

1. 試験時間　　1時間40分
2. 問題数　　　50題(A群25題、B群25題)
3. 注意事項
   （1）　係員の指示があるまで、この表紙はあけないでください。
   （2）　答案用紙(真偽法と多肢択一法の併用)に検定職種名、作業名、級別、受検番号、氏名を必ず記入してください。
   （3）　係員の指示に従って、問題数を確かめてください。それらに異常がある場合は、黙って手を挙げてください。問題はA群(真偽法)とB群(多肢択一法)とに分かれています。
   （4）　試験開始の合図で始めてください。
   （5）　解答の方法(真偽法と多肢択一法の併用)は次のとおりです。
   　　イ．　A群の問題(真偽法)は、一つ一つの問題の内容が正しいか、誤っているかを判断して解答してください。
   　　ロ．　B群の問題(多肢択一法)は、正解と思うものを一つだけ選んで、解答してください。二つ以上に解答した場合は誤答となります。
   　　ハ．　答案用紙(マークシート用紙)へ解答する際は、答案用紙に記載されている注意事項に従ってください。
   　　ニ．　答案用紙の解答欄は、A群の問題とB群の問題とでは異なります。所定の解答欄に、試験問題の題数に応じて解答してください。解答欄はA群は50題まで、B群は25題まで解答できるようになっています。
   （6）　電子式卓上計算機その他これと同等の機能を有するものは、使用してはいけません。
   （7）　携帯電話、スマートフォン、ウェアラブル端末等は、使用してはいけません。
   （8）　試験中、質問があるときは、黙って手を挙げてください。ただし、試験問題の内容、漢字の読み方等に関する質問にはお答えできません。
   （9）　試験終了時刻前に解答ができあがった場合は、黙って手を挙げて、係員の指示に従ってください。
   （10）　試験中に手洗いに立ちたいときは、黙って手を挙げて、係員の指示に従ってください。
   （11）　試験終了の合図があったら、筆記用具を置き、係員の指示に従ってください。

［A群（真偽法）］

1　1日本冷凍トンは、約3.86kWの冷凍能力に相当する。

2　伝熱壁とこれに接する流体間の熱伝達による熱移動量は、伝熱壁の表面温度と流体の温度の差に比例する。

3　露点温度が同じ場合、乾球温度が20℃と30℃の湿り空気の比エンタルピーは同じである。

4　冷却塔のアプローチとは、冷却塔の入口空気の乾球温度と冷却水出口水温との差である。

5　多翼ファンは、回転方向を逆にすると、空気が流れる方向も逆になる。

6　冷凍庫の床を地盤面よりも高くして床下に空間を設けることは、凍上防止に効果がある。

7　複数の機器が接続される冷温水用の配管をリバースリターン方式で施工した場合、各機器への配管抵抗を、ほぼ均等にすることができる。

8　長方形ダクトのアスペクト比は、一般に、10：1以上とすることが望ましい。

9　熱橋とは、温度が異なる空気や水などの2種類の流体の間で熱を移動させる装置をいう。

10　洗面器の吐水口空間とは、給水栓の吐水口の最下端とあふれ縁との垂直距離をいう。

11　アスマン通風乾湿計の感温部には、ファンによって一定の風速が与えられている。

12　バーチャート工程表は、横軸に工期、縦軸に工種・作業名をとり、各作業の実施予定を横棒線で示したものである。

13　冷媒配管の気密試験は、設計圧力又は許容圧力のいずれか低い圧力以上の圧力で実施する。

14　冷凍サイクル内を真空乾燥する場合は、周囲温度が低いほど効果がある。

15　空冷式凝縮器の外面に散水しても、凝縮器の凝縮能力は変わらない。

16　うず巻ポンプの吸込み側配管抵抗が大きくなると、キャビテーションが発生しやすい。

［A群（真偽法）］

17 グランドパッキンは、回転軸やしゅう動軸からの液体の漏れを少なくするために用いる密封用パッキンである。

18 冷媒がR410Aの場合、一般に、圧縮機に使用する冷凍機油は合成油である。

19 水配管で銅管と鋼管を接続すると、鋼管側が腐食しやすい。

20 電気事業法関係法令の電圧区分によれば、交流電圧750Vは、低圧に区分される。

21 三相誘導電動機の運転時の回転方向は、3本の電源線のうち2本を入れ替えることにより変更することができる。

22 空気調和・衛生工学会規格(SHASE−S)によれば、下図は、給気ダクト断面を表す。

23 日本産業規格(JIS)の冷凍用図記号によれば、下図は、管の結合方式の表し方で、ユニオン式を表す図記号である。

24 騒音規制法関係法令によれば、原動機の定格出力が7.5キロワット以上の空気圧縮機及び送風機を設置する場合には、市町村長に届出なければならない。

25 酸素欠乏症等防止規則によれば、酸素欠乏とは、空気中の酸素の濃度が21%未満である状態をいう。

［B群（多肢択一法）］

1 湿り空気に関する記述として、適切でないものはどれか。
　　イ　露点温度とは、ある湿り空気の水蒸気分圧に対する飽和温度をいう。
　　ロ　顕熱比とは、顕熱量と全熱量の比をいう。
　　ハ　相対湿度60％の湿り空気に同一温度の水を噴霧すると、乾球温度は下がる。
　　ニ　室内空気の乾球温度と、その空気の露点温度との差は、相対湿度が高いほど大きい。

2 液分離器(アキュムレータ)に関する記述として、適切でないものはどれか。
　　イ　冷凍負荷の変動の激しい冷凍装置に取り付ける。
　　ロ　冷凍サイクルの始動時やデフロスト時の液圧縮防止のために、冷媒液の溜まりとして使用する。
　　ハ　圧縮機と凝縮器の間に設ける。
　　ニ　分離した冷媒液と油を圧縮機に戻す機能を持つ。

3 冷凍サイクルの制御機器の機能に関する記述として、適切でないものはどれか。
　　イ　吸入圧力調整弁は、圧縮機の吸入圧力が設定値以上にならないように調整する。
　　ロ　定圧膨張弁は、蒸発器内の圧力が一定になるように調整する。
　　ハ　蒸発圧力調整弁は、蒸発器内の圧力が設定値以上にならないように調整する。
　　ニ　制水弁は、冷却水量を調整することにより凝縮圧力を制御する。

4 日本産業規格(JIS)の配管系の識別表示によれば、物質の種類と識別色の組合せとして、誤っているものはどれか。
　　　　　物質　　識別色
　　イ　水　　　青
　　ロ　空気　　白
　　ハ　ガス　　うすい黄
　　ニ　油　　　黒

5 容量制御を有するフルオロカーボン冷凍空調機器の吸込み配管に関する記述として、適切なものはどれか。
　　イ　横走り主管には、圧縮機の直近にUトラップを設ける。
　　ロ　立上がり管を横走り主管に接続する場合は、水平に接続する。
　　ハ　二つの流れが対向して合流する箇所は、T継手で直接接続する。
　　ニ　立上がり管は、必要に応じて二重立上がり管とする。

6 冷媒配管に関する記述として、適切でないものはどれか。
　　イ　アンモニア冷媒の配管には、銅や銅合金製の管を使用してはならない。
　　ロ　横走りガス配管は、すべて冷媒の流れ方向に向かって1／250程度の下り勾配とする。
　　ハ　横走り配管に銅管を使用した場合、その支持金物による支持間隔は、同じ管径の鋼管を使用した場合より長くすることができる。
　　ニ　フレア継手やフランジ接合部などは、漏えいの点検ができるようにする。

［B群（多肢択一法）］

7 ダクトに関する記述として、適切でないものはどれか。
　　イ　ボリュームダンパは、火災の延焼防止を目的とするものである。
　　ロ　亜鉛鉄板製長方形ダクトの板厚は、ダクト断面の長辺の寸法とダクト内圧力によって決まる。
　　ハ　長方形ダクトの角部の接合方法には、ピッツバーグはぜ、ボタンパンチスナップはぜ、角甲はぜ等がある。
　　ニ　キャンバス継手は、ダクト間の寸法誤差の吸収や振動絶縁のために用いられる。

8 冷凍空調機器の冷却コイルのドレン排水管に関する記述として、適切なものはどれか。
　　イ　トラップを設けるのは、排水管からの臭気の逆流を防止するためである。
　　ロ　排水管の横引き部分は、上がり勾配とする。
　　ハ　排水管は、常温であり、結露がないので天井裏でも断熱は不要である。
　　ニ　排水管に使用する材料は、耐熱性硬質ポリ塩化ビニル管でなければならない。

9 冷凍空調機器の防振装置に関する記述として、適切でないものはどれか。
　　イ　一般に、機器の過大な変位又は転倒防止のためのストッパを設ける。
　　ロ　一般に、機器から発生する振動を基礎に伝えにくくするため、機器と基礎の間に防振装置を設ける。
　　ハ　固有振動数の小さい機器に対応するには、一般に、金属ばねよりも防振ゴムの方が適している。
　　ニ　固有振動数は、運転時の機械の強制振動数に近い値にならないようにする。

10 酸素アセチレン溶接装置とその付属品に関する記述として、適切でないものはどれか。
　　イ　ボンベの圧力調整器は、調整用ハンドルを時計回り方向に回すと、出口圧力が上昇する構造となっている。
　　ロ　溶接用ホースのうち、青色のホースは、アセチレン用である。
　　ハ　ボンベを運搬するときは、ボンベのバルブを確実に閉め、かつ、キャップをしなければならない。
　　ニ　ボンベやホースを取り扱うときは、油の付いた手袋を使用することは避ける。

11 建築物の構造でRC造とはどれか。
　　イ　鉄筋コンクリート造
　　ロ　鉄骨造
　　ハ　れんが造
　　ニ　鉄骨鉄筋コンクリート造

12 冷凍空調機器の試験及び作業に関する記述として、適切なものはどれか。
　　イ　気密試験に使用するガスとしては、酸素が適している。
　　ロ　加圧試験よりも真空試験の方が漏れ箇所を発見しやすい。
　　ハ　機器内部が加圧された状態で機器を修理をしてはならない。
　　ニ　冷媒配管の真空試験は、気密試験の前に行う。

［B群（多肢択一法）］

13 冷凍空調機器の分解・組立てに関する記述として、適切なものはどれか。
　　イ　冷媒配管のろう付け作業時に配管内部に窒素ガスを流すのは、ろう材の流動を
　　　　よくするためである。
　　ロ　ピストンリング及びオイルリングをピストンに組み入れるとき、リングの合わ
　　　　せ目が同じ位置になるようにする。
　　ハ　フルオロカーボン冷媒配管のフレア管継手は、外径25.4mmの管に使用してよ
　　　　い。
　　ニ　冷媒系統の内部修理の際、冷媒回収によって分解部付近が冷えているときは、
　　　　常温になってから分解する。

14 冷凍空調機器の調整に関する記述として、適切でないものはどれか。
　　イ　空冷凝縮器を用いた機器では、外気温度が低くなると、ファンコントロールや
　　　　調整弁で凝縮圧力を高めることが必要となる場合がある。
　　ロ　蒸発器の容量に対して膨張弁の弁容量が小さすぎると、ハンチング現象が生じ
　　　　やすくなる。
　　ハ　機器内の液管フィルターが目詰まりすると、フラッシュガスが発生しやすくな
　　　　る。
　　ニ　オイルフォーミングは、冷凍機油の中で冷媒の気泡が発生する現象である。

15 多気筒圧縮機の運転・整備に関する記述として、適切でないものはどれか。
　　イ　運転開始時は、吐出し止め弁を全開にしてから、圧縮機を始動させる。
　　ロ　ノック音の発生を防ぐため、圧縮機が始動した後に、吸込み止め弁を素早く全
　　　　開にする。
　　ハ　ポンプダウンは、運転を停止する際に行う操作である。
　　ニ　冬季に運転を休止する場合は、機内の冷却水を抜き、凍結破壊を防止する。

16 フルオロカーボン冷媒を使用した冷凍空調機器における冷媒回収及び充塡に関する記
　　述として、適切なものはどれか。
　　イ　冷媒回収時のポンプダウン運転は、一般に、暖房運転で行う。
　　ロ　冷媒の回収効率をよくするために、クランクケースヒータは、あらかじめOFF
　　　　にしておく。
　　ハ　高圧ガス保安法関係法令に適合する冷媒回収装置を使用して適法に冷媒回収作
　　　　業を行う場合は、高圧ガス保安法関係法令の適用除外となる。
　　ニ　混合冷媒R410Aの冷凍空調装置への充塡は、気相充塡によって行う。

17 空調設備において、ピトー管を用いて測定できるものはどれか。
　　イ　ダクト内温度
　　ロ　ダクト内湿度
　　ハ　ダクト内清浄度
　　ニ　ダクト内風速

18 文中の(　　)内に当てはまる数値として、正しいものはどれか。

　　日本産業規格(JIS)によれば、ロックウール保温筒の熱間収縮温度は、(　　)℃以上と規定されている。

　　　イ　200
　　　ロ　400
　　　ハ　600
　　　ニ　800

19 次の冷媒のうち、地球温暖化係数(GWP)が最も小さいものはどれか。

　　　イ　HFC冷媒R134a
　　　ロ　HFC冷媒R407C
　　　ハ　自然冷媒R717(アンモニア)
　　　ニ　HFC冷媒R32

20 交流に関する記述として、適切でないものはどれか。

　　　イ　単相交流の電力を求める式は、電力=電圧×電流×力率である。
　　　ロ　周波数は、単位時間における電圧又は電流の周期の回数である。
　　　ハ　力率は、電流と電圧との位相のずれを表す係数である。
　　　ニ　三相交流の電力を求める式は、電力=$\sqrt{3}$×電圧×電流である。

21 冷凍機器のVVVFインバータ制御に関する記述として、適切なものはどれか。

　　　イ　電源周波数及び電源電圧を制御する。
　　　ロ　電源電圧のみを制御する。
　　　ハ　電源電流のみを制御する。
　　　ニ　電源電圧及び電源電流を制御する。

22 空気調和・衛生工学会規格(SHASE－S)によれば、下図の図示記号が表すものはどれか。

　　　イ　冷却水返り管
　　　ロ　冷媒液管　　　　　
　　　ハ　冷却水送り管
　　　ニ　冷媒ガス管

23 日本産業規格(JIS)の冷凍用図記号による下図の名称として、正しいものはどれか。

　　　イ　ダイアフラム式操作弁
　　　ロ　シリンダー式操作弁　　　
　　　ハ　電磁弁
　　　ニ　電動弁

［B群（多肢択一法)］

24 文中の(　　)内に当てはまる数値の組合せとして、適切なものはどれか。
　　高圧ガス保安法関係法令における高圧ガスの一つとして、常用の温度においてゲージ圧力が(　①　)MPa以上となる液化ガスであって、現にその圧力が(　①　)MPa以上であるもの、又は、圧力が(　①　)MPaとなる場合の温度が(　②　)℃以下である液化ガスがある。

$$\begin{array}{ccc} & ① & ② \end{array}$$

　　イ　0.2　　35
　　ロ　0.4　　40
　　ハ　0.2　　40
　　ニ　0.4　　35

25 文中の(　　)内に当てはまる数値として、正しいものはどれか。
　　労働安全衛生法関係法令によれば、事業者は、高さが(　　)m以上の箇所で作業を行うときは、当該作業を安全に行うために必要な照度を保持しなければならないと規定されている。
　　イ　2
　　ロ　3
　　ハ　4
　　ニ　5

令和2年度 技能検定
1級 冷凍空気調和機器施工 学科試験問題
（冷凍空気調和機器施工作業）

1. 試験時間　　1時間40分
2. 問題数　　　50題(A群25題、B群25題)
3. 注意事項
   （1）　係員の指示があるまで、この表紙はあけないでください。
   （2）　答案用紙(真偽法と多肢択一法の併用)に検定職種名、作業名、級別、受検番号、氏名を必ず記入してください。
   （3）　係員の指示に従って、問題数を確かめてください。それらに異常がある場合は、黙って手を挙げてください。問題はA群(真偽法)とB群(多肢択一法)とに分かれています。
   （4）　試験開始の合図で始めてください。
   （5）　解答の方法(真偽法と多肢択一法の併用)は次のとおりです。
   　　　イ．　A群の問題(真偽法)は、一つ一つの問題の内容が正しいか、誤っているかを判断して解答してください。
   　　　ロ．　B群の問題(多肢択一法)は、正解と思うものを一つだけ選んで、解答してください。二つ以上に解答した場合は誤答となります。
   　　　ハ．　答案用紙(マークシート用紙)へ解答する際は、答案用紙に記載されている注意事項に従ってください。
   　　　ニ．　答案用紙の解答欄は、A群の問題とB群の問題とでは異なります。所定の解答欄に、試験問題の題数に応じて解答してください。解答欄はA群は50題まで、B群は25題まで解答できるようになっています。
   （6）　電子式卓上計算機その他これと同等の機能を有するものは、使用してはいけません。
   （7）　携帯電話、スマートフォン、ウェアラブル端末等は、使用してはいけません。
   （8）　試験中、質問があるときは、黙って手を挙げてください。ただし、試験問題の内容、漢字の読み方等に関する質問にはお答えできません。
   （9）　試験終了時刻前に解答ができあがった場合は、黙って手を挙げて、係員の指示に従ってください。
   （10）　試験中に手洗いに立ちたいときは、黙って手を挙げて、係員の指示に従ってください。
   （11）　試験終了の合図があったら、筆記用具を置き、係員の指示に従ってください。

［A群（真偽法）］

1 理論冷凍サイクルの$p-h$線図上における断熱圧縮では、比エントロピは変化しない。

2 冷凍空調機器の冷媒循環量は、圧縮機の吸込み冷媒蒸気の比体積とピストン押しのけ量が一定の場合、圧力比(圧縮比)が大きくなるにしたがって少なくなる。

3 $p-h$線図上での冷凍サイクルの過冷却度とは、蒸発器における蒸発圧力に対応する飽和蒸気線上の温度と、圧縮機における吸込み過熱蒸気の温度との差である。

4 圧縮式冷凍機に使用される冷却塔の冷却水の標準設計水量は、1冷却トン当たり13L／minである。

5 クロスフローファンは、遠心ファンに比べて、運転時の静圧が高い。

6 フルオロカーボン冷媒設備の真空試験には、設備内に残存した水分を除去する効果がある。

7 冷凍空調機器のドレン配管の封水深は、機器に内蔵される熱交換器の据付け位置の高さで決める。

8 空気調和・衛生工学会規格(SHASE−S)によれば、低圧ダクトの常用圧力は、正圧で＋500Pa以下、負圧で−500Pa以内とされている。

9 日本産業規格(JIS)によれば、ビーズ法ポリスチレンフォーム保温筒は、180℃の蒸気配管の保温材として使用できる。

10 吐水口空間とは、給水栓の吐水口端と流しの底面との垂直距離をいう。

11 アスマン通風乾湿計の感温部の周囲に与える通風の速度は、0.5m／s以下とする。

12 特性要因図は、特定の結果と原因系との関係を系統的に表した図である。

13 圧力容器の耐圧試験は、液圧試験を原則とする。

14 冷凍空調機器において、冷媒充填量が不足すると、圧縮機の吸込み蒸気圧力が高くなる。

15 圧縮機の油圧保護圧力スイッチは、給油圧力が設定値よりも高くなったときに圧縮機を停止させる。

16 ブラインの濃度が変わると、ブラインポンプの流量と所要動力が変化する。

17 アンモニア冷媒配管には、りん脱酸銅管が使用される。

18 冷媒R744(二酸化炭素)の地球温暖化係数(GWP)は、0である。

19 水配管で銅管と鋼管を接続すると、銅管側が腐食しやすい。

20 電気事業法関係法令によれば、交流電圧の600Vは、高圧に区分される。

21 サーミスタ温度計は、検出部の電気抵抗が温度により変化する性質を利用して温度を測る計器である。

22 空気調和・衛生工学会規格(SHASE−S)によれば、次は、還気・排気ダクト断面を表す図示記号である。

23 日本産業規格(JIS)によれば、次は、ダイアフラム弁を表す冷凍用図記号である。

24 冷凍保安規則によれば、冷媒設備とは、冷凍設備のうち冷媒ガスが通る部分をいう。

25 労働安全衛生法関係法令によれば、酸素欠乏とは、空気中の酸素の濃度が18%未満である状態をいう。

［B群（多肢択一法）］

1 冷凍サイクルの冷凍効果に関する記述として、適切なものはどれか。
 イ 蒸発器の出口と入口における、冷媒の比エンタルピ差である。
 ロ 凝縮器で放出する熱量と蒸発器で吸収した熱量の差である。
 ハ 蒸発器の出入口の冷媒の比エンタルピ差を、圧縮機の前後の比エンタルピ差で除したものである。
 ニ 圧縮機が実際に吸い込んだ蒸気量を、理論ピストン押しのけ量で除したものである。

2 圧縮式冷凍機に使用される凝縮器に関する記述として、適切なものはどれか。
 イ 水冷横形シェルアンドチューブ凝縮器の冷却水の管内流速は、一般に、1〜3m／sとする。
 ロ 水冷凝縮器でフィン付管を用いる場合、フィン側は、冷媒側ではなく冷却水側とする。
 ハ 空冷凝縮器では、冷却管の空気側にフィンを付けると伝熱作用が悪くなる。
 ニ 空冷凝縮器は、冷媒を冷却して凝縮させるのに空気の潜熱のみを利用する。

3 圧力調整弁に関する記述として、適切でないものはどれか。
 イ 蒸発圧力調整弁は、蒸発器内の冷媒の蒸発圧力が所定の圧力以上になることを防止する。
 ロ 蒸発圧力調整弁は、蒸発器から圧縮機への吸込み配管に取り付ける。
 ハ 吸入圧力調整弁は、圧縮機の吸込み圧力が所定の圧力以上になることを防止する。
 ニ 吸入圧力調整弁は、蒸発器から圧縮機への吸込み配管に取り付ける。

4 日本産業規格(JIS)の配管系の識別表示における、管内の物質の種類とその識別色の組合せとして、正しいものはどれか。
  物質の種類 識別色
 イ 水 ・・・・ 白
 ロ 蒸気・・・・暗い赤
 ハ ガス・・・・ 青
 ニ 油 ・・・・ 黒

5 パッケージ形エアコンディショナの据付けに関する記述として、適切でないものはどれか。
 イ 冷媒配管工事の施工を、配管作業、気密試験、断熱作業の順で行った。
 ロ 室内外ユニットにつながる断熱被覆のない液管とガス冷媒配管を抱き合わせて、断熱作業を行った。
 ハ 室内外ユニットを、冷媒配管の長さができるだけ短くなるように配置した。
 ニ 使用電圧が200Vであったので、D種の接地工事を行った。

6　冷媒配管に関する記述として、適切でないものはどれか。
　　イ　横走り配管は、冷媒の流れ方向に1／250程度の下り勾配とするとよい。
　　ロ　ディストリビュータは、膨張弁に入る冷媒を減圧させるために設ける。
　　ハ　容量制御機能を有する圧縮機の吸込み配管には、油戻りを保つために二重立上がり管を設けることがある。
　　ニ　フラッシング(気化)の防止のため、膨張弁にいたる高圧液配管の冷媒の流速をできるだけ小さくし、その目安は1.5m／s以下である。

7　ダクトに関する記述として、適切なものはどれか。
　　イ　亜鉛鉄板製長方形ダクトの板厚は、ダクト断面の長辺の寸法と内部の静圧によって決まる。
　　ロ　長方形ダクトの接続法のうち、フランジによるものをピッツバーグはぜ工法という。
　　ハ　円形ダクトの接続法には、ボタンパンチスナップはぜ工法が適している。
　　ニ　キャンバス継手は、送風機とダクトとの接続部の空気の流れを整流するために用いられる。

8　日本産業規格(JIS)によれば、鋼管の種類の記号STPGが表すものはどれか。
　　イ　配管用炭素鋼鋼管
　　ロ　圧力配管用炭素鋼鋼管
　　ハ　高圧配管用炭素鋼鋼管
　　ニ　高温配管用炭素鋼鋼管

9　冷凍空調機器の防振装置に関する記述として、適切でないものはどれか。
　　イ　一般に、機器の過大な変位又は転倒の防止のための耐震ストッパを設ける。
　　ロ　金属ばねは、防振ゴムよりも制振効果が大きい。
　　ハ　固有振動数を小さくするには、一般に、防振ゴムよりも金属ばねの方が適している。
　　ニ　固有振動数は、運転時の機械の強制振動数と同じ値にならないようにする。

10　溶接装置及び付属品に関する記述として、適切なものはどれか。
　　イ　アセチレンボンベに取り付けて使用する圧力調整器は、調整用ハンドルを反時計回り方向に回すと、出口の圧力が上昇する構造になっている。
　　ロ　酸素ボンベを運搬するときは、バルブを確実に閉めてキャップをする。
　　ハ　酸素アセチレン溶接用ホースのうち、赤色のホースは、酸素用である。
　　ニ　酸素アセチレン溶接において、酸素ボンベにホースを接続するときは、ガス漏れを防止するために、継手に油を塗布するとよい。

［B群（多肢択一法）］

11　建築構造において、SRC造はどれか。
　　イ　鉄骨鉄筋コンクリート造
　　ロ　鉄骨造
　　ハ　鉄筋コンクリート造
　　ニ　組積造

12　冷凍空調機器の気密試験に関する記述として、適切なものはどれか。
　　イ　気密試験圧力は、設計圧力又は許容圧力のいずれか低い方の圧力以下とする。
　　ロ　気密試験に使用するガスとして、酸素、毒性ガス及び可燃性ガスを使用してはならない。
　　ハ　気密試験は、耐圧試験の前に行う。
　　ニ　気密試験中に、内部に圧力が加わった状態で衝撃を与えたり、溶接補修等で熱を加えてもよい。

13　冷凍空調機器の分解・組立てに関する記述として、適切でないものはどれか。
　　イ　内容積が大きい受液器は、冷凍設備を修理する際に冷媒を回収することができ、作業が容易になる。
　　ロ　サービスバルブには、逆座とサービスポートを備えた止め弁もある。
　　ハ　冷媒配管のろう付け作業時に、配管の内部に窒素ガスを流すのは、ろう材の流動を良くするためである。
　　ニ　冷媒系統を分解した後、復旧する際にエアパージが不十分であると、系統内に水分が残ることがある。

14　冷凍装置の運転調整に関する記述として、適切なものはどれか。
　　イ　冷媒が過充填されていると、凝縮圧力が低くなる。
　　ロ　冷凍庫のユニットクーラーに霜が厚く付くと、蒸発圧力が高くなる。
　　ハ　凝縮圧力調整弁は、凝縮圧力が設定値より低くなると、凝縮器から流出する冷媒量を絞り、凝縮器内に冷媒を滞留させるように作動する。
　　ニ　液ガス熱交換器で冷媒液を過冷却すると、圧縮機への液戻りが生じやすくなる。

15　冷凍空調機器の測定に関する記述として、適切なものはどれか。
　　イ　クランプメータは、電位の周期的変化を波形として画面上に表示するものである。
　　ロ　回路に対し、電流計は直列に、電圧計は並列に接続する。
　　ハ　接地抵抗計は、絶縁抵抗を測定するものである。
　　ニ　絶縁抵抗の単位は、メガワットが用いられる。

16 フルオロカーボン冷媒を使用した冷凍空調機器における、冷媒回収及び充填に関する記述として、適切でないものはどれか。

　　イ　冷媒回収時のポンプダウン運転は、一般に、冷房運転で行う。
　　ロ　回収効率を良くするために、クランクケースヒータには、あらかじめ通電しておく。
　　ハ　高圧ガス保安法関係法令の要件に適合する冷媒回収装置を使用して冷媒回収作業を行う場合は、高圧ガス保安法関係法令の適用除外となる。
　　ニ　混合冷媒R407Cの冷凍空調装置への充填は、気相充填によって行う。

17 空調設備の測定項目とその計測機器の組合せとして、適切でないものはどれか。

　　　　測定項目　　　　　　　　　計測機器
　　イ　ダクト内の風速・・・・・ピトー管流速計
　　ロ　配管内の圧力・・・・　・ブルドン管圧力計
　　ハ　通気口の風速と温度・・・アネモサーモメータ
　　ニ　ダクト内の動圧・・・・・ベンチュリー流量計

18 保温材に関する記述として、適切でないものはどれか。

　　イ　ロックウール保温材は、水分を吸収すると熱伝導率が大きくなる。
　　ロ　日本産業規格(JIS)によれば、グラスウール保温板40Kの密度は、37～44kg／m³である。
　　ハ　硬質ウレタンフォーム保温材は、無機質の保温材である。
　　ニ　日本産業規格(JIS)によれば、グラスウール保温筒の熱間収縮温度は、350℃以上である。

19 次の冷媒を使用した冷凍装置において、蒸発温度、凝縮温度、過熱度それぞれを同一条件で運転したとき、吐出しガス温度が最も高くなるものはどれか。

　　イ　R134a
　　ロ　R407C
　　ハ　R410A
　　ニ　R717(アンモニア)

20 三相交流の電力量を求める式として、適切なものはどれか。

　　イ　$\sqrt{3}$×電流×電圧×力率×時間
　　ロ　$\sqrt{3}$×電流×電圧×力率
　　ハ　$\sqrt{3}$×電圧×抵抗×力率×時間
　　ニ　$\sqrt{3}$×電圧×抵抗×力率

［B群（多肢択一法）］

21 三相誘導電動機の回転数に関する記述として、適切なものはどれか。ただし、すべり
は考慮しないものとする。
　　イ　極数4、電源周波数60Hzの場合、1600rpmである。
　　ロ　極数4、電源周波数50Hzの場合、1500rpmである。
　　ハ　極数6、電源周波数60Hzの場合、1400rpmである。
　　ニ　極数6、電源周波数50Hzの場合、1300rpmである。

22 日本産業規格(JIS)の冷凍用図記号によれば、次の配管の名称はどれか。
　　イ　冷媒液管
　　ロ　冷媒管(一般)
　　ハ　冷水送り管
　　ニ　冷媒ガス管

23 日本産業規格(JIS)によれば、次の冷凍用図記号が表すものはどれか。
　　イ　蒸発圧力調整弁
　　ロ　容量調整弁
　　ハ　凝縮圧力調整弁
　　ニ　吸入圧力調整弁

24 高圧ガス保安法関係法令によれば、事業所ごとに都道府県知事の許可を受けなければ
ならないものはどれか。
　　イ　冷凍のため冷媒R410Aを圧縮し、又は液化して高圧ガスの製造をする設備でそ
　　　　の法定の1日の冷凍能力が20トンのものを使用して高圧ガスの製造をしようと
　　　　する者
　　ロ　冷凍のため冷媒R717(アンモニア)を圧縮し、又は液化して高圧ガスの製造をす
　　　　る設備でその法定の1日の冷凍能力が50トンのものを使用して高圧ガスの製造
　　　　をしようとする者
　　ハ　冷凍のため冷媒R410Aを圧縮し、又は液化して高圧ガスの製造をする設備でそ
　　　　の法定の1日の冷凍能力が40トンのものを使用して高圧ガスの製造をしようと
　　　　する者
　　ニ　冷凍のため冷媒R717(アンモニア)を圧縮し、又は液化して高圧ガスの製造をす
　　　　る設備でその法定の1日の冷凍能力が30トンのものを使用して高圧ガスの製造
　　　　をしようとする者

25 文中の(　　)内に当てはまる数値として、正しいものはどれか。
　　労働安全衛生法関係法令によれば、事業者は、(　　)m以上の高所から物体を投下す
るときは、適当な投下設備を設け、監視人を置く等労働者の危険を防止するための措
置を講じなければならない。
　　イ　1.8
　　ロ　2.0
　　ハ　2.5
　　ニ　3.0

冷凍空気調和機器施工

正解表

令和4年度 2級 実技試験（計画立案等作業試験）正解表
冷凍空気調和機器施工（冷凍空気調和機器施工作業）

問　題	正　解			
	設問(1)	設問(2)	設問(3)	設問(4)
1	×	○	×	○
	設問(5)	設問(6)		
	×	○		
2	設問(1)	設問(2)	設問(3)	
	○	×	○	
3	①	②	③	④
	ト	チ	ヘ	イ
4	設問(1)	設問(2)	設問(3)	設問(4)
	イ	ロ	ハ	ハ
5	設問(1)	設問(2)	設問(3)	
	ニ	ハ	イ	
6	設問(1)	設問(2)	設問(3)	
	イ	ヘ	ハ	

平成3年度　2級　実技試験（計画立案等作業試験）正解表
冷凍空気調和機器施工（冷凍空気調和機器施工作業）

問題	正　解			
1	(1)	(2)	(3)	(4)
	×	×	○	○
	(5)	(6)		
	○	×		
2	(1)	(2)	(3)	
	×	○	×	
3	A	B	C	D
	エ	イ	カ	オ
4	設問(1)	設問(2)	設問(3)	設問(4)
	ロ	ロ	ハ	イ
5	設問(1)	設問(2)	設問(3)	
	ロ	ハ	ハ	
6	設問(1)	設問(2)	設問(3)	
	イ	ヘ	ハ	

令和2年度　2級　実技試験（計画立案等作業試験）正解表
冷凍空気調和機器施工（冷凍空気調和機器施工作業）

問題	正解			
1	(1)	(2)	(3)	(4)
	○	○	×	×
	(5)	(6)		
	○	×		
2	(1)	(2)	(3)	
	○	○	×	
3	①	②	③	④
	ハ	ヘ	イ	チ
	⑤	⑥	⑦	⑧
	ニ	ト	ロ	ホ
4	設問(1)	設問(2)	設問(3)	設問(4)
	ハ	ロ	イ	ハ
5	(1)	(2)	(3)	(4)
	○	○	×	×
	(5)	(6)		
	○	×		
6	設問(1)	設問(2)	設問(3)	
	ニ	ヘ	イ	

令和4年度　1級　実技試験（計画立案等作業試験）正解表
冷凍空気調和機器施工（冷凍空気調和機器施工作業）

問 題	正 解			
1	設問(1)	設問(2)	設問(3)	設問(4)
	×	○	○	×
	設問(5)	設問(6)		
	×	○		
2	設問(1)	設問(2)	設問(3)	
	ロ	ロ	ロ	
3	(A)	(B)	(C)	(D)
	ア	ウ	エ	コ
	(E)	(F)	(G)	(H)
	キ	ケ	オ	サ
4	設問(1)	設問(2)	設問(3)	設問(4)
	ハ	ロ	イ	ハ
5	設問(1)	設問(2)	設問(3)	
	ハ	ハ	ハ	
6	設問(1)	設問(2)	設問(3)	
	イ	ホ	ハ	

令和3年度 1級 実技試験（計画立案等作業試験）正解表
冷凍空気調和機器施工（冷凍空気調和機器施工作業）

問 題	正 解			
	(1)	(2)	(3)	(4)
1	○	○	○	○
	(5)	(6)		
	×	×		
2	設問(1)	設問(2)	設問(3)	
	ハ	ニ	ロ	
3	(ア)	(イ)	(ウ)	(エ)
	○	×	○	○
	(オ)	(カ)	(キ)	(ク)
	×	○	×	×
4	設問(1)	設問(2)	設問(3)	設問(4)
	ロ	ハ	イ	イ
5	設問(1)	設問(2)	設問(3)	
	ハ	ハ	ハ	
6	設問(1)	設問(2)	設問(3)	
	ハ	ホ	イ	

令和２年度　１級　実技試験（計画立案等作業試験）正解表
冷凍空気調和機器施工（冷凍空気調和機器施工作業）

問　題	正　解			
	(1)	(2)	(3)	(4)
1	○	×	○	○
	(5)	(6)		
	×	×		
2	設問(1)	設問(2)	設問(3)	
	ニ	ニ	ロ	
3	①	②	③	④
	チ	ニ	ヘ	イ
4	設問(1)	設問(2)	設問(3)	設問(4)
	ハ	ハ	ロ	ハ
5	設問(1)	設問(2)	設問(3)	
	ハ	ハ	ハ	
6	設問(1)	設問(2)	設問(3)	
	ハ	ホ	ロ	

令和4年度　2級　学科試験正解表
冷凍空気調和機器施工（冷凍空気調和機器施工作業）

真偽法

番号	1	2	3	4	5
正解	X	○	X	○	X

番号	6	7	8	9	10
正解	X	X	○	○	○

番号	11	12	13	14	15
正解	X	X	○	X	X

番号	16	17	18	19	20
正解	X	○	X	X	X

番号	21	22	23	24	25
正解	X	○	○	X	○

択一法

番号	1	2	3	4	5
正解	ロ	ハ	ニ	イ	ロ

番号	6	7	8	9	10
正解	ニ	イ	イ	ロ	ロ

番号	11	12	13	14	15
正解	ニ	イ	イ	ロ	イ

番号	16	17	18	19	20
正解	ハ	ロ	ハ	ハ	ニ

番号	21	22	23	24	25
正解	イ	ロ	ロ	ハ	ハ

令和3年度　2級　学科試験正解表
冷凍空気調和機器施工（冷凍空気調和機器施工作業）

真偽法

番号	1	2	3	4	5
正解	○	○	X	X	○

番号	6	7	8	9	10
正解	○	○	X	○	○

番号	11	12	13	14	15
正解	○	X	○	X	X

番号	16	17	18	19	20
正解	X	○	○	○	○

番号	21	22	23	24	25
正解	X	X	X	○	○

択一法

番号	1	2	3	4	5
正解	イ	ニ	ニ	イ	ロ

番号	6	7	8	9	10
正解	ロ	ニ	ハ	ロ	ロ

番号	11	12	13	14	15
正解	ハ	ニ	イ	ニ	ニ

番号	16	17	18	19	20
正解	ニ	ニ	イ	ニ	ニ

番号	21	22	23	24	25
正解	ロ	ハ	イ	ハ	ハ

令和2年度　2級　学科試験正解表
冷凍空気調和機器施工（冷凍空気調和機器施工作業）

真偽法

番号	1	2	3	4	5
正解	X	○	○	○	X

番号	6	7	8	9	10
正解	X	X	X	○	X

番号	11	12	13	14	15
正解	X	X	X	○	X

番号	16	17	18	19	20
正解	X	X	X	○	X

番号	21	22	23	24	25
正解	○	X	X	○	○

択一法

番号	1	2	3	4	5
正解	ハ	ロ	イ	ロ	ハ

番号	6	7	8	9	10
正解	ニ	イ	ロ	イ	ハ

番号	11	12	13	14	15
正解	ロ	イ	ハ	ハ	ロ

番号	16	17	18	19	20
正解	ニ	ニ	イ	ハ	ハ

番号	21	22	23	24	25
正解	ニ	ロ	ハ	イ	ロ

令和4年度 1級 学科試験正解表
冷凍空気調和機器施工（冷凍空気調和機器施工作業）

真偽法

番号	1	2	3	4	5
正解	○	○	×	○	×

番号	6	7	8	9	10
正解	×	×	×	○	○

番号	11	12	13	14	15
正解	×	×	×	○	×

番号	16	17	18	19	20
正解	×	○	×	○	×

番号	21	22	23	24	25
正解	×	○	○	×	×

択一法

番号	1	2	3	4	5
正解	ハ	ロ	イ	ロ	ロ

番号	6	7	8	9	10
正解	ロ	ニ	ハ	ニ	ハ

番号	11	12	13	14	15
正解	ニ	ロ	ロ	イ	ニ

番号	16	17	18	19	20
正解	ニ	ニ	ロ	ロ	ロ

番号	21	22	23	24	25
正解	ニ	イ	イ	イ	ハ

令和3年度 1級 学科試験正解表
冷凍空気調和機器施工（冷凍空気調和機器施工作業）

真偽法

番号	1	2	3	4	5
正解	○	○	×	×	×

番号	6	7	8	9	10
正解	○	○	×	×	○

番号	11	12	13	14	15
正解	○	○	○	×	×

番号	16	17	18	19	20
正解	○	○	○	○	×

番号	21	22	23	24	25
正解	○	×	○	○	×

択一法

番号	1	2	3	4	5
正解	ニ	ハ	ハ	ニ	ニ

番号	6	7	8	9	10
正解	ハ	イ	イ	ハ	ロ

番号	11	12	13	14	15
正解	イ	ハ	ニ	ロ	ロ

番号	16	17	18	19	20
正解	ハ	ニ	ハ	ハ	ニ

番号	21	22	23	24	25
正解	イ	ニ	ロ	イ	イ

令和2年度　1級　学科試験正解表
冷凍空気調和機器施工（冷凍空気調和機器施工作業）

真偽法

番号	1	2	3	4	5
正解	○	○	X	○	X

番号	6	7	8	9	10
正解	○	X	○	X	X

番号	11	12	13	14	15
正解	X	○	○	X	X

番号	16	17	18	19	20
正解	○	X	X	X	X

番号	21	22	23	24	25
正解	○	○	○	○	○

択一法

番号	1	2	3	4	5
正解	イ	イ	イ	ロ	ロ

番号	6	7	8	9	10
正解	ロ	イ	ロ	ロ	ロ

番号	11	12	13	14	15
正解	イ	ロ	ハ	ハ	ロ

番号	16	17	18	19	20
正解	ニ	ニ	ハ	ニ	イ

番号	21	22	23	24	25
正解	ロ	イ	ニ	ロ	ニ

・本書掲載の試験問題及び解答の内容について
のお問い合わせには、応じられませんのでご
了承ください。
・その他についてのお問い合わせは、電話では
お受けしておりません。お問い合わせの場合
は、内容、住所、氏名、電話番号、メールア
ドレス等を明記のうえ、郵送、FAX、メール
又は Web フォームにてお送りください。
・試験問題について、都合により一部、編集し
ているものがあります。

令和2・3・4年度

1・2級 技能検定　試験問題集　85　熱絶縁施工／冷凍空気調和機器施工

令和5年7月　初版発行

監　修　中央職業能力開発協会

発　行　一般社団法人 雇用問題研究会

〒103-0002　東京都中央区日本橋馬喰町1-14-5 日本橋Kビル2階
TEL　03-5651-7071（代）　FAX　03-5651-7077
URL　https://www.koyoerc.or.jp

印　刷　株式会社ワイズ

223085

ISBN978-4-87563-684-7 C3000